EFFECTIVE
“高效领导力”系列
全球累计销量百万册

高效沟通

不可或缺的管理技能

[英] 约翰·阿代尔（John Adair）著
谢天 译

浙江人民出版社

约翰·阿代尔
John Adair

国际公认的领导学权威

约翰·阿代尔是世界上关于领导力和领导力发展的领军权威之一，被誉为“欧洲的彼得·德鲁克”。

约翰为巴克莱银行、劳埃德TSB银行、英美烟草公司、杜邦公司、英国皇家空军、英国奥林匹克委员会等机构提供管理咨询服务，他是许多企业、政府部门、非政府组织的管理顾问。全球超过100万名经理人参与了他倡导的以行动为主的领导模式（Action-Centred Leadership）项目，他的理念和方法启发和激励了整整一代的管理者。

约翰出版过50多部著作，其中包括畅销书《不是老板而是领导者》（*Not Bosses But Leaders*）、《约翰·阿代尔领导力词典》（*The John Adair Lexicon of Leadership*）、《鼓舞人心的领导》（*The Inspirational Leader*）、《如何培养领导者》（*How to Grow Leaders*）以及EFFECTIVE系列等。

目录

CONTENTS

EFFECTIVE DECISION MAKING

第三部分：沟通的实践

前言

EFFECTIVE COMMUNICATION

PREFACE

欢迎阅读《高效沟通：不可或缺的管理技能》。本书不仅会提醒你沟通的时间和理由，还会教给你沟通的方法。

沟通的艺术本质上是一种实践，包含说、听、写、读等技能；这些我们都会做，但很少有人能做好。我们在日常实践中要有意识地运用有效沟通的五项原则——内容简洁、准备充分、思维清晰、语言生动和表达自然，努力提高这些基本技能。

希望你能从本书中获取知识，并享受阅读的体验。至少我很享受撰写的过程。

约翰·阿代尔

导论

EFFECTIVE COMMUNICATION

INTRODUCTION

沟通是领导企业、管理团队及与人合作时一项不可或缺的技能。本书的目的在于帮助你掌握沟通技巧、提高沟通水平。

首先，我们要了解沟通的本质，这是第一章的内容。第二章将介绍一个有效的沟通框架——星形图。第三章会提供一些过往的案例研究，帮助你学以致用。

第四章至第七章将分别介绍说、听、写、读。当然，我们都掌握了最基本的技能，所以这几章的重点是帮助你在日常工作和生活中磨炼这些能力。如果你的目标是领导或管理他人，那么你一定要非常熟练地掌握这四种技能，因为沟通与领导力密不可分。另外，这几章还介绍了五个有效的讲话技巧，可总结为“沟通的五项原则”——内容简洁、准备充分、思维清晰、语言生动、表达自然。通过本书，你将了解到如何熟练掌握这些原则，并在各种沟通情境中加以运用。

第三部分将介绍领导者在沟通中遇到问题的四种情境。

演示即正式的演讲，通常需要音频、视频手段来辅助，有时也需要一个团队共同来完成。访谈主要是一对一有目的的谈话。从沟通的角度来看，访谈中最大的障碍是给予和接受表扬与批评。在团队会议中，管理沟通显然是所有管理者的重要任务。最后，组织（最常见的管理形式）可以解决一些沟通问题，但也会产生新的问题。

要成为高效的沟通者，你需要提升个人技能、在团队中引导沟通的能力以及在组织中开展上行、下行和平行沟通的效率——当然还包括组织与客户之间的交流。下图一目了然：

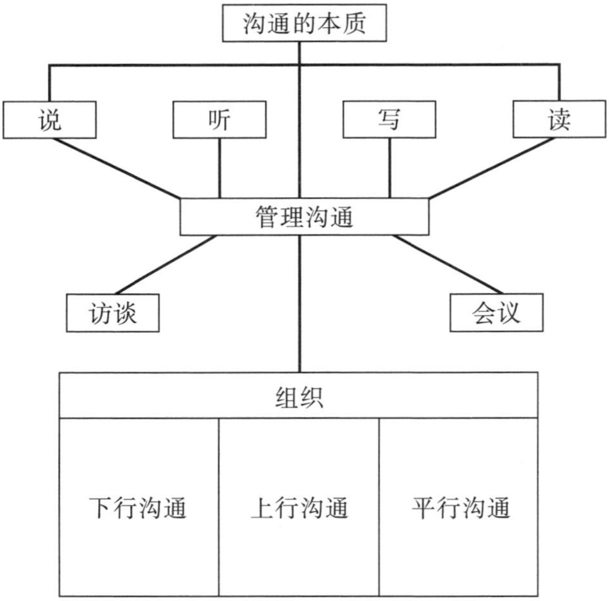

管理沟通效果图

记住，本书的目的是激发你在工作沟通方面的思考，帮助你找到实际的方法，提升沟通技能。

如何阅读本书

为了从本书中获得最大收益，你可以先整体浏览一遍，了解大致内容，然后回过头来认真思考任务清单中的问题和练习。如果你能请一位朋友或同事帮忙进行批改，那就更好了。

不要直接从头读到尾。在开始阅读每一章之前，可以先翻看任务清单，根据自己的兴趣和希望提升的技能有选择性地阅读本书。

我建议你准备一支笔，在阅读的过程中把重要的点记下来。你可以尽情地在书上做标记——我不会介意的！将你认为与自己的认知、理解和技能相关的重要段落画出来。

本书不仅会提醒你沟通的时间和理由，还会教给你沟通方法。这里的方法是广义上的，也就是成为优秀的沟通者必须磨炼的技能。本书不会传授以牺牲沟通艺术为前提的狭义技巧。

你要认真培养最基本的能力，不能投机取巧。

本书中有大量通过文本框展示的内容，其中包括相关研究成果和其他参考资料，可以帮助你完成首次的快速阅读。当然，你可以有选择地参考。就算你略过这些文本框，也不会对理解本书有什么影响。

每章最后总结的要点可以帮助你回顾这一章的内容。为了让你保持思维活跃，我有时会多写一到两个要点——那是你在这一章读不到的东西。

◀ 第一部分 ▶

什么是沟通

01

沟通的本质

全世界的人各自站在一座孤岛上，

隔着误解的海洋朝着对方大声喊叫。

——英国作家乔治·艾略特（George Eliot）

这句话告诉我们，缺乏沟通是人类社会的常态。大吵大闹甚至暴力行为都是它的病症，而不是解药。如果没有沟通，人们就会被孤立，被困在各自的孤岛上，无法团结起来。对于我们（个人、团体和国家）来说，了解沟通的本质与我们的祖辈探索原子的奥秘一样重要。我们一定要找出使人类团结起来（而非导致群体分崩离析）的力量，也就是那些能跨越"误解的海洋"、使人们心连心的隐形力量。实现远距离沟通的技术问题已经得到解决；对于人际交往中的沟通来说，其最核心的本质仍然捉摸不定，等待我们去探索。

"沟通"（communication）指的是什么？我们先来看看它的字面意思。从《简编牛津英语词典》给出的定义中，我们可以发现，这个概念可以追溯到几百年前。首先，它源自拉丁语单词"communis"，意为"共同的"（common），但这个单词的源头不得而知。我们将它拆成两部分来看：第一部分不难理解，"com"源自"cum"，意为"与……一起"（with）；第二部分"munis"源自"moinis"（意为"约束"）或早期拉丁语“oinos”（意为“一个”）。1755年版《英语词典》的编著者塞缪尔·约翰逊博士给出了“common”一词的最早定义：“平等地属于至少两方。”

中世纪的人将“common”用作动词，用法类似于现在的“communicate”。直到16世纪中期，伊丽莎白女王统治之初，有一位英国人似乎提到与朋友“common”工作。但这或许是指他在某个庄园或大学的餐厅与朋友坐在同一张桌子旁用餐，或者在公共土地上养猪，抑或是参加教堂的圣餐聚会或弥撒活动。所有用法背后都有一个核心的意思——“分享”，即某些事物可以让所有人共享。因此，它是公有而非私有的，可以为他人随意使用。

“沟通”作为动词（communicate）最早出现在亨利八世与他的六位皇后纠缠的时期，有两层含义：与另一个人分享，以及与所有人共享。它的名词形式（communication）指的是给予、传递或交换的行为，对象可以是一封信，也可能是信中的内容。基督教中的“communicate”与“communication”仍然保留了“分享圣餐”的含义，但除此之外，这两个词几乎与物质无关。“沟通”仅指通过演讲、写作或肢体语言传递，接受或分享想法、知识、感受（人类的思维、内心与精神活动）的行为。

“communication”最早也指至少两个人或地点之间的路径。在1684年以前，它的含义为“巷子，通道”；更早些时候，在英国内战期间，将伦敦周围的星形堡垒连接起来的战壕和壁垒被称为“连通线”（lines of communication）。当有军队进入战场时，这些连通线便是将战场与基地和盟军连接起来的通道：包括道路、河流或运河，用于传达命令、传递信息和分享成果。“communications”现在涵盖了所有由此引发的含义：电报、电话、广播、电视和计算机。这些现代发明具有共同的特征——可以在分布于各地的人们之间实现快速通信，因此统称为“电信”（telecommunications，其中“tele”来自希腊语，意为“遥远的”）。

现在，我们可以将“communication”的起源分为三个方面，这三个方面都与目前的用法有关。首先，它指的是共享之物，即“公有物品”（commons），包括面包、土地、想法或生活等。其次，随着社会的发展，它还用于形容分享精神或非物质领域内容的行为。最后，任何将两个或以上的人或地点连接起来的东西都被称为“communication”（沟通、通信、交通）。换句话说，它不仅包括手段，也包括活动本身。

“沟通”包含意图和方式。更具体来说，它是指一个人与另一个人建立联系、传达自己想法的能力。换一种正式的说法，“沟通”是人与人之间通过使用一套共同的符号交流观点的过程。

“意图”和“共同的符号”（往往构成同一种语言）都是不可或缺的因素，但并非全部内容。举个例子，情感或感受是非物质的，针对它们的沟通很多时候是无意识的，也不需要语言。一定不要忽略这种广义上的沟通，即下意识交流或直接传达思维状态和感受的现象。

这里面有四个隐含要素。当然，这些也不是全部，但每一点都很关键。下表简要介绍了每个要素及其特征。

沟通的关键要素

关键要素	特　征
社会交往	沟通双方必须互相接触
共同媒介	双方必须使用共同的语言或渠道进行沟通
传递信息	信息要明确地传递出去
理解信息	信息必须被接收，并得到正确的理解和解读

沟通的起源

我们或许可以研究动物的世界，从而深入理解人类沟通的独特本质。我们在探索动物王国时会发现，它们通过感官进行沟通，失误率比人类要低，但也受到了一定的限制。人类拥有无限的潜力，能够与同类和世间万物沟通，这种能力甚至超出了进化最完善的动物。但与其他物种甚至人类的远亲相比，我们在沟通时更容易出错。

动物学家珍妮·古道尔在针对黑猩猩的开创性研究成果《黑猩猩在召唤》（*In the Shadow of Man*）一书中强调，语言能力将人类与他们的近亲区分开来，但人类的很多原始沟通方式在黑猩猩身上也能观察到。她记录道：

> 实际上，假如我们去研究一下黑猩猩和人所使用的整套沟通信号、姿态与手势，我们就会发现许多惊人的相似点。这些相似点证明：或是在这两个类群中，这些标志是趋于近似地发展起来的；或是在远古时两者有着共同的祖先，这个共同祖先通过接吻、拥抱、接触和拍拍对方等类似方式相互交流。
>
> 人和其现存近亲黑猩猩之间的一个基本区别是，黑猩猩不会说话。人们以最大的努力试图教会黑猩猩掌握语言，却未能成功，且无一例外。语言可谓是人类在进化过程中的一个巨大成就。
>
> 然而即便如此，人们在交流情感的时候还是会不由自主地恢复黑猩猩使用的古老的手势语——他们通过拍对方的肩膀给他打气，与他热烈拥抱，或者紧紧地握手。如果在这种场合我们也会使用语言，那么发出的声音更像是黑猩猩的叫声，仅仅用于情感的表达。

为了尽可能充分地把握黑猩猩和人之间的区别，我们必须深刻理解两者行为的相似之处。只有这样，我们才能认可人类在生物学和精神上的独特性。

然而，无论黑猩猩还是水獭，都不会误解抚摸或拍打的含义。信号、姿态和手势的种类有限，所有动物似乎都会解读。

人类的本质会让问题变得相当复杂。我们的语言本身就是40多种声音错综复杂的组合，其中的词语也有很多不同的解读方式。相对于黑猩猩，人类传递信息的范围更广，但更有可能遭到误解或孤立。

动物的局限性可以通过它们在学习最基本的知识过程中体现出来：

◎ 解决问题的方法不能太复杂。这就要求只需要做出简单的动作，动物就可以够得到东西或逃离危险。换句话说，问题一定不能太难。

◎ 动物的学习环境不能有无关的外部干扰。如果动物的注意力不断被环境的变化所转移，它就无法好好学习。

◎ 问题必须多次重复。它出现的频率越高，动物犯错的次数就越低。

◎ 动物必须有学习的“动力”——成功的奖赏或失败的惩罚。此外，奖赏必须与动物的需求相关。

◎ 最后，实验人员必须具备足够的技能和耐心。动物的学习能力在很大程度上取决于训练员的个人素质和热情程度。

人类的进化程度远远超过其他动物，但我们可以通过实验探寻到人类沟通的起源。内容、情境、方法、主题和指导人员，这些要素都是实验必备的。当然，简单性和重复性对于所有学习指导活动都是必要的。但是在进化过程中，人类保留了另一种习惯：虽然进化出了语言功能，但非语言沟通仍然是一种重要的辅助手段。

非语言沟通

最基本的沟通系统是人体；除了听、说器官外，还包括眼睛、面部肌肉、手、胳膊、大脑和身体的其他部位。爱抚、拥抱和握手与说话一样，都是沟通的途径。肢体语言是我们在清醒时使用的方法和观察对象。例如，所有人都看得懂微笑或威胁性的手势。说话时的音调和音量也能在话语之外传达更多信息。

我们至少可以列举出九种非语言沟通形式，包括：

◎ 面部表情。
◎ 眼神接触。
◎ 音调。
◎ 抚摸。
◎ 外表（衣物、头发）。
◎ 仪态。
◎ 距离。
◎ 姿势，包括手和脚的活动。
◎ 头部位置。

以眼神接触为例。我们从电影中可以看到，讲话者在说话时会看向别处，但在一句话讲完时会看向对方，期待他的反应，对方会点头或小声表示同意；对话结束后，讲话者会用更长时间凝视对方。

这种潜在的语言通常是对感受的一种自然或下意识的表达，与主观言行相辅相成。

我们由此可以判断，只有改变非语言行为所要表达的根本内容，才能改变它的形式。如果有人教你莎士比亚的“微笑的艺术”，你要持怀疑态度，只有那些身体机能失调的人才有可能从中受益。

对于正常人来说，关于眼神接触或肢体语言的教学只会让他们产生自我意识，这是与自然沟通相悖的。但我们要清楚地认识到，其他人会关注到我们全部的非语言行为，并且能从中发现某些潜在的状态或态度。人们可以通过多种多样的非语言渠道努力避免发出错误的信号。

幸运的是，我们有了语言，它可以在一定程度上帮助我们纠正错误。人类沟通内容的千变万化源自词语和信号的基本组合。我们必须发挥独特的语言能力，这是人类交流的重要方式。

以对话的形式沟通

大多数人似乎认为，语言沟通就是将自己的想法传达给另一个人：你告诉对方你想让他知道的东西。其中隐含的意思是，沟通是单向的，强调了一方向另一方提供信息。当然，我们经常这样做，例如告诉出租车司机目的地是哪里。但一些人懵懵懂懂地认为，这就是沟通的全部含义。如果接受这个想法的人以自我为中心，就会成为“令人讨厌的话痨”：强行掌控对话，向别人灌输自己的想法，丝毫不考虑对方的需求或兴趣。自古以来，这种人都不受欢迎。1611年，兰德尔·科特格雷夫（Randle Cotgrave）在词典中将“独白”（monologue）定义为“爱自说自话的人”。

严格来说，“独白”指的是一个人说话。作为戏剧术语，它用于形容一场戏里面只有一个人在演出的场景，现在变成了专门编排的只有一个角色的戏。至19世纪中期，它的含义扩展到所有与独白类似的谈话或演讲。从理论上看，它强调的是单向沟通，因此缺乏必要的对话意识（包含听和说，强调双方共享而非单方面给予）。

“对话”（dialogue）指的是至少两个人之间实际展开的交谈，源自希腊语动词，原意是指“辩证法”——对某个观点真实性的批判性检验。在早期英语中，“辩证法”是“逻辑”的同义词，用于正式的修辞推理；后来，它逐渐衍生出新的用法，与现在的含义相似。德国哲学家黑格尔（1770—1831）用“辩证法”一词形容一种思维过程，即相互对立的两个科学原理在超出感官体验范畴的对象（如灵魂、世界或上帝）上结合起来，形成了超越它们本身的更高真理。因此，我们可以将辩证法理解为一种带着批判性来探索真理的方法，需要两种明显对立的观点产生碰撞，而不是一方自行思考。

我们有必要区分“独白”和“对话”，一方面作为沟通的方法，另一方面是关于沟通的理论或假设。方法可以有很多种，但我们要不断探索沟通作为多方共同活动在本质上的统一性。读到这里，停下来把眼睛闭上，我们之间的沟通就中止了，我跟你的处境相同。但我要引导你，用你的思维弥补本书中的缺陷。如果你我之中有一人做得不够，我们的沟通就会失败。“独白”的缺陷在于，它忽略了你我二人对于沟通的贡献。对于独白者来说，对方是被动的听众；但对话者很清楚，对方有自己的想法，可以表达出来，也可以选择隐瞒。真正愿意沟通的人不仅关心问题本身，也希望尽可能多地听到对方的意见。

因此，将对方作为“共同话题”的积极参与者，而不是被动接受者，这种层面的意识会对沟通形式产生影响。充满智慧或博学多识之人往往以为，谈话对象除了表达感叹什么也说不出来。

“独白与对话相悖，前者认为无知和未受过教育之人没有自己的想法，无非是零加零等于零。”神学教授鲁尔·L.豪威（Reuel L. Howe）在《爱在这里》(*Herein is Love*) 一书中写道。

这种言论通常出自富有智慧和洞见之人（很多时候是教育者），体现出这些人对学习过程一无所知。他们没能意识到，对话与独白是相互冲突的。授课与演讲有专门的场合，但为了发挥最大效果，这些活动也必须置于对话的情境中。此外，授课人员也可以鼓励听众积极思考，即使对方没有出声，对话的效果也会出现。

我们要避免将不同的授课方法与对话沟通的概念混为一谈。授课人员和会议主持人虽然采用的方法不同，但都有可能自说自话或鼓励双向交流。如果一个人将沟通（和教育）的本质看作是一种对话，他会利用所有工具来实现目标。面对问题，他们会组织讨论，或使用辅助手段。如果有了答案，他们会进行讲解，或使用传播工具。但出发点是一致的：作为领导者，他们的成就在一定程度上取决于下级学到的东西；而要将教育转化为实践，老师与学生之间的沟通必须是双向的。

对话不过是一场良好的交谈：两个人面对面，互相倾诉和聆听，或许会用到一些肢体语言和信号。这种交谈包含七个特征：

◎ 双方面对面。

◎ 谈话双向进行。

◎ 交流非正式。

◎ 双方开诚布公。

◎ 符合当前的情境。

◎ 有具体的目标。

◎ 氛围轻松友好。

沟通方式越接近直接的面对面交谈，它的效果就越好。如果一个人看不到谈话的对象，这种沟通就缺失了一部分。对话最符合沟通的本质。

反馈

反馈概念的出现进一步加深了我们对“沟通”的理解。1946年，美国应用数学家、“控制论”的提出者诺伯特·维纳（Norbert Wiener）在《控制论——关于在动物和机器中控制和通讯的科学》（*Cybernetics: or Control and Communication in the Animal and the Machine*）一书中首次使用了“反馈”一词。在书中，他将沟通比作一个回环系统：各部件相互关联，形成了一个回环，就像孩子玩的电动小火车。信息不会向上或向下传递，而是像回力镖一样转个弯飞回来，对沟通者本人产生影响。维纳将这种信息在系统中回流的现象称为反馈。

这个模型的灵感来自电力和电子领域，它强调了沟通的双向性和对话性。我们可以从该模型中看到，在沟通过程中，发出信息的人从谈话对象那里得到反馈，在此基础上调整自己的想法。这种模型近似于圆形图。圆形图也有很多种，包括椭圆形和拥有圆角的矩形，在早期的管理学文献中曾大量出现。反馈作用流程图来自管理学家约翰•哈姆伯勒（John Humble）的作品《提高管理绩效》（*Improving Management Performance*）。

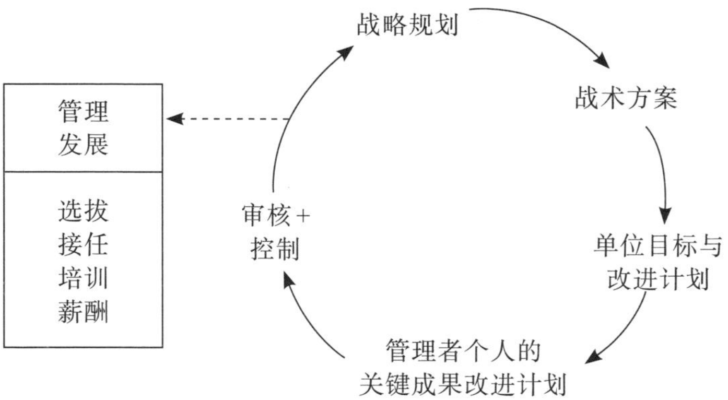

反馈的作用流程图

他希望通过上图表现出沟通的灵活性、动态性和民主性。此外，这一系统模型的电子行业背景也告诉我们，沟通失败会对个人与组织生活产生怎样的影响：

情形	具体表现
时　机	沟通者要协调时间，确保不同的接收者可以同时或先后收到信息
过　载	信息数量过多，超出了接收者的承受能力，使其无法妥善应对
短　路	纵向或横向沟通链中缺少一人或多人
失　真	信息发送者和接收者出现了理解上的偏差，主要是由职位或地位的差异导致的
过　滤	有意识地操控“事实”，朝着对信息发送者有利的方向（尤其是上行沟通）粉饰事件

这种圆环或系统模型也存在一定的缺陷。它需要在社会环境中进行维护。周期模型也引发了人们关于社会本质和历史意义的假设，这些假设很常见，但未得到验证。这种像四季轮回一样最终绕回起点的圆形图

从未被西方文明所接受。无论是好是坏，我们都只想沿着一条线往前走，探索前方的未知领域。

本章要点：沟通的本质

◉ 沟通包含很多种含义，但都围绕着一个核心概念：分享。如今，分享与交流的对象更多的是抽象事物，以观点为主。

◉ 沟通有几个要素或必要条件：社会交往、共同的媒介、传递信息和理解信息。

◉ 沟通双方需要有一定的接触或联系。他们可以面对面交流，也可以通过技术手段远距离交流。如果你联系不到他人，就无法与他们沟通。如果你不想沟通，可以主动割断联系！沟通创造人际关系；人际关系产生沟通。

◉ 语言是人类沟通的主要媒介，但我们仍然保留了非语言沟通能力——正如出海的游艇一定会有辅助电动机。它也是人际关系的一种体现。例如在日本或非洲部落，你的座位距离门口的远近体现了你地位的高低。

◉ 信息的发送和接收要明确进行。“发送者”和“接收者”可以通过一套通用的符号体系交流观点。

沟通是被理解的艺术。

——英国演员、剧作家彼得·乌斯蒂诺夫（Peter Ustinov）

02

沟通星形图

我们无法独立生存。上千根细线将我们与同胞连在一起；
在这其中，我们的行动是因，这些情感的联结便是果。
——美国作家赫尔曼·梅尔维尔（Herman Melville）

本书第一章强调了信息接收者为双方相互理解作出积极贡献的必要性。但任何“共同话题”的开展都离不开其他要素。本章将通过沟通星形图模型介绍这些要素。

该模型体现了沟通不同要素之间的相互关联。它并不完善，你可以在此基础上建立自己的模型，弥补它的缺陷。换句话说，它的作用在于引导你思考，而不是让讨论陷入僵局。

沟通有六个要素。首先是主动沟通方——想要分享某些东西的人。其次是沟通背后的意图或目的。第三，还要有另外一个人或多个人，也就是信息的接收者，或被动沟通方。第四个要素是沟通的内容或主题。第五个要素是沟通的手段或方法，它本身构成了一种独立要素。最后是沟通的背景或情境，可以对沟通的本质和结果产生影响。

这六个要素之间存在复杂的相互关系。接下来，我们会针对每个要素的核心内容进行探讨。

我们将站在主动沟通方的视角看待每个要素。在沟通中加深理解的一个途径就是站在他人的角度去思考。我们不妨将这些要素想象成台球，可以从不同的角度击打。或者也可以将它们看作是五角星的中心和五个点，相互之间的关系如下图所示：

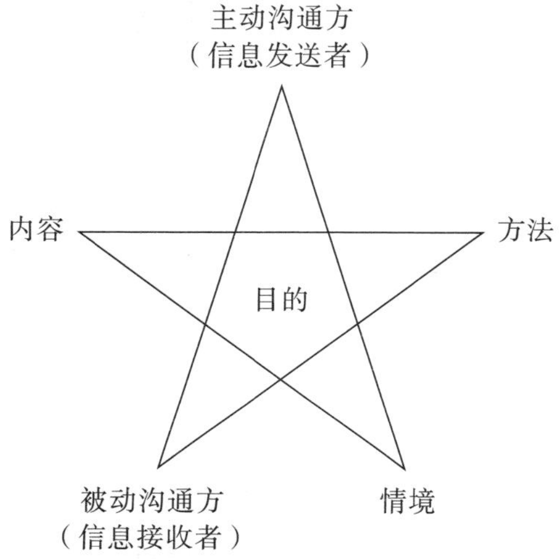

沟通星形图

或许有人认为应该在直线上画出箭头，将其转变为一个动态过程，但这样会导致过度简化，结果又回到了信息单向流动的观点上。各点之间的相互影响是周期性的，线条两个方向的信息流动各有起伏。因此，你可以将上图想象成单细胞生物，在时间和空间上移动、收缩、推动自己前进，但与这团不明形状的生物不同，图上有明确的六个“元素”（目的、主动沟通方、被动沟通方、内容、方法和情境），可以不断将思维拉回来。

这些变量之间的关系到底是怎样的呢？显然，信息发送者和接收者——主动沟通方和被动沟通方之间存在某种关系，但它的特征千变万化：任何沟通双方的关系都是独一无二的。另外，沟通的内容和方法之间也相互关联，当然，在不同的实践中，这种关系的本质也有极大差别。

事实上，所有六个要素都是关联在一起的；在研究一个案例时，我们要认真探究其中具体的关联模式。你可以把它们看作是一群大雁，在飞行的过程中不断变换阵型。

因此，每两个要素之间都存在关系，只不过在某些情况下形成了一个回环。我们可以假定，如果六个要素间存在强大且积极的关系，沟通就有望顺利进行。下文对各要素展开了详细探讨，可以证实这一点。

目的

在理想的情况下，目的应处于星形图的核心位置；沟通各方应有共同的目的，对话的内容、方法和情境也围绕着它来实现。如果意图仅存在于一个人的脑中而没有分享给其他人，那么沟通就很难顺利实现。沟通的艺术以共同的目标为根本。沟通不是两个人互相盯着对方的眼睛，而是双方或多方共同着眼于同一个问题或机会。换句话说，沟通只是实现目的的一种手段。

这里的“目的”介于抽象和具体之间。抽象的目的是一个大致方向，像一条大河，有很多细小的支流；具体的目的是指能够在短期内以有形的方式实现的目标。目的不应该过于具体或短暂：它将抽象性的广度与具体性的脚踏实地结合起来，为人们在沟通中的主观意图服务。

我们通常可以根据沟通结果来制定目标。结果可归为几大类，包括变革、承诺、行动或理解。如果可能的话，应当将这些进一步分解为小的目标，思考“在哪些方面实现变革”“对什么作出承诺”“具体应该理解什么”等问题。

除了沿着目的或意图的关键词向下探索，我们有时还要向上思考。

人类所有沟通活动的最终目的应该包含三个层面：推进人类的共同事业；建立和展示人与人之间的团结；提高个人生活水平。这三个层面之间重叠的部分在离心力和向心力的作用下不断变化，或许可以达到真正的和平，这是所有良好沟通的合理结局。

主动沟通方（信息发送者）

沟通的效果部分取决于主动沟通方或信息发送者的素质，正如不同音乐家的演奏效果各异。因此，在研究沟通时，主动沟通方是一个要素。我们不仅是音乐家，还是乐器；质量和音调在一定程度上是由我们的个性、品格、智力、经验、年龄和性别这套固定组合决定的。这些特征可以勾勒出一个人的形象，它们不是静态的，而是有生命的，一刻不停地在传递信号，用这个人独特的声音表达他的意图。

现在，我们看到了主动沟通方的第一个特点。或许大多数沟通都是下意识发生的：它们像是无线电波一样，不断地由深层思维中的意识和潜意识释放出来。我们不需要弗洛伊德的提醒就会明白，实际开展的沟通比想象的要多。或许正是由于沟通在人类生存与进化的过程中必不可少，自然才会赋予我们各种各样的沟通能力。正如呼吸是一种本能，沟通也是。如果我们彻底停止了一切沟通，就无法生存。

有些作品将沟通比作射箭：你要认真挑选一支箭，活动一下筋骨，感受风力和风向，瞄准靶心，然后把箭射出去。但沟通并不完全是这样。它更像是一汪山泉，时而雀跃，时而奔腾，但永远无休止地流动，不会按照我们的意愿停下来。主动沟通方的任务是驾驭内心奔涌而出的河流，让它逐渐壮大，滋养整个城市，或者流入知识的水库中。之所以能做到这一点，是因为作为人类（而非动物或物体），我们有自己的人格。

不同的人在外表上的差异一方面是基因遗传和成长环境共同作用的结果，另一方面也反映了我们对遗传和环境的适应方式。可以说，每个人都有作为主动沟通方的天生潜能，通过良好的教育还可以进一步强化和发展，尤其是通过简单、明确和生动的语言或图像进行思考与表达的能力。

我们从天生擅长沟通的人身上会发现，他首先能够按照自己的意愿充分表达内心的想法。如果沟通是下意识地进行，那么他表达的内容要么准确地支持他主动提出的观点，要么自然地体现出他的个性和品格（虽然可能与当前的沟通话题毫不相关）。下意识的沟通不会与对方的所见所闻发生冲突：这里没有刺耳的杂音。

因此，天生的沟通者在表达观点时非常善于操控语言的水闸和涡轮，以及非语言的图像和符号。但正如水闸有开有合，他们也懂得隐藏自己的观点。

同时，天生的沟通者还掌握不沟通的技巧。水在流经水闸时会得到过滤；话语也会根据沟通方的立场或态度，还有他们的具体目的进行调整。主动沟通方像一位成熟的艺术家，知道哪些线条可以省去。

我们从出生的那一刻起就开始接受教育和培训，发掘沟通潜能。我们在一个沟通环境——家庭中孕育成长，并通过实践进一步丰富这个环境，也提高了它的复杂性。我们在早期获得了这些基本技能，并将终身拥有它们。这种远未得到充分开发的潜力，加上一定形式的教育和培训，共同构成了我们与生俱来的权利。我们根据需求提升这种能力，拥有这种能力反过来又加深了需求，就像是一台永动机。

由此引出了主动沟通方的第二个特点：沟通的需求。

不同的人对沟通的需求程度各异，但每个人都有这样的需求。它可以驱散周围的薄雾，让沟通背后的具体动机或意图显现出来。我们在工作或生活中沟通的动机既包括主观需求，也包括当前形势下的客观必要性。如果这些外部的客观必要性较弱或不存在，我们可能会为了沟通而沟通，也可能沉默不语。天生的沟通者通常选择第二种不太普遍的方式。

因此，人们在沟通中大多以语言或视觉的形式表达需求。这其中没有任何实际内容，只是在传达一个信息：我们会说话，是实实在在的人。沟通的需求是自然表露的，如果对方始终没有表现出任何需求，我们就会感到焦虑。但是我们还要远离那些具有强烈沟通需求并强迫我们与之沟通的人，并要防止自己成为这样的人。

因此，作为主动沟通方，我们要把握三点。

第一个是天生的潜能。其中包括基本能力，例如思维和语言，以及每个人独特的遗传基因。这种潜能涵盖针对各种不同想法的响应能力，以及大量词汇基础。

第二个是家庭、社会和文化的影响，以及早期教育水平，这些因素共同构成了具有一定沟通能力的个人。毫无疑问，所有小提琴制造商都与斯特拉迪瓦里（Stradivarius）一样选择了最好的木料，但只有后者充分开发出了木材、肠线和油漆的潜能，将它们组合为当时最出色的小提琴。我们每个人代表不同的乐器，有独特的音色，但都能演奏出基本的音调。除此之外，我们还需要能够辨别出不同音色的听众。

第三个是像管乐演奏家一样，用肺里的空气吹奏乐器。作为主动沟通方，我们在沟通中需要将内心的话一吐为快。音乐家的肺活量大于常人，他们接受过培训，能够准确地控制气息，也会克制自己不总是吹奏小号。他们首先是音乐家，然后才是小号手或长笛手。

我们能沟通，而不仅仅是说话或记录，但前提是要克制自己，不能喋喋不休；要根据合理的目标约束沟通需求，否则就应该保持沉默。要么控制好需求，要么被它左右，没有其他选择。

被动沟通方（信息接收者）

我们都具有天生的解读信息的能力，是天生的被动沟通者。但是我们不会以千篇一律的方式接收同样的信息。每个人接收信息的机制就像一台计算机，针对听、看或读的行为存在大量模式或现成的解读方法。这让信息接收者化被动为主动。美国作家、自然主义者亨利·戴维·梭罗（Henry David Thoreau）曾表示："说出真相需要两人——一人说，一人听。"

对意义的感知是被动沟通方的基本能力。无论我们身处何地，都不会丧失感知或传达意义的能力。我们要通过主观意识探求沟通的外部诱因；它会在我们脑中黑暗屏幕上投射意义的光束。这样的感知力使我们成为"智人"。

通过文化和教育的影响，我们将对意义的感知转化为某种程度的"意义"和"解读"，并装进现成的储备库里。在较低的层面分类很简单：当我需要描绘窗外那个高大摇摆的物体时，一棵树的形象就会立刻出现在我的意识里。在较高的层面，我们可以将"高大摇摆"传递出来的各种标识、指示和信号填充进来。

"感知"（perception）一词来源于希腊语，原意为"牢牢抓住"。在17世纪末以前，这个词与"沟通"（communication）一样，也属于圣餐用语。到了后来，它的含义变成了"通过思维或感官吸纳或接收事物"。如今，我们还用它来形容理解或掌握尚未观察到的东西，从某事或某人身上找出不明显的本质或重要意义。后者包含对于道德、美学或实用价值的直觉认知。

因此，“感知”作为认清所有感官意识的能力，可以帮助我们深入了解被动沟通方的贡献程度。它或许仅能理解信息本身，也可能解读其背后的内容，或者愿意凭借敏锐的感知力，透过隐晦的沟通内容探索更深层面的含义。如果主动沟通方表达不清楚，被动沟通方就必须具备感知力。主动沟通方或许清楚自己要说什么，但即使认真琢磨，说出来的话也会存在他们无法理解的漏洞，就像开出处方的医生无法了解药物的所有副作用。

此外，如果信息接收者的感知足够敏锐，他们会从大量下意识的非语言信号中挖掘出沟通方的隐藏思维，透过冰山一角判断出水下庞大的山体。当然，在这种高水平的感知（感知的水平越高，回报越大）基础上，被动沟通方也更有可能误解对方传递的信息。

内容

大多数有关沟通的作品都强调了主动沟通方的技巧以及被动沟通方的接收能力。如果这些条件齐备，信息的传递就会畅通无阻。信息接收者负责掌控全局，因为他们让信息变得有意义。意义具有主观性，是由接收者赋予的。

但事实没有这么简单。我们都具备评估能力，一种将价值和意义向内吸引的磁力。除此之外，我们还需要以价值为内在属性的东西。哲学家对于价值的客观性存在争论，而且大多数人把价值看作是个人或社会对于意义的主观理解，但主观性理论并不适用于实际沟通。在不乏创意的市场环境中，我们往往会评判待售产品是否有价值。

这一点很重要，它将“沟通”与英国哲学家弗朗西斯培根（Francis Bacon）提出的“狡猾”，以及我们所谓的“技巧”甚至“把戏”彻底区分开来。据我观察，真相会对沟通产生影响。真相如放射性尘埃，它可以越过信息传递者自行发出信号。如果信息中没有任何真实的迹象，或许有人短期内会接受它，但它迟早会消亡。

因此，沟通的一个奥秘在于找到真相，然后让它主动浮现出来。如果沟通内容（或其中的真相）自动出现，主动沟通方就会变成聆听者和信息接收者。我们可以给信息披上真相的伪装，但证据会在抽丝剥茧中慢慢出现。至于我们能在潜意识的哪个层面（我曾经提到，大脑的深层思维会进行分析、整合与评估，并将最终成果呈现在主观意识中）找到价值的痕迹，我也不知道。但我们具备天生的感知真相的能力，也拥有大量武器（有些较原始，有些非常先进），能够攻破对话与交流的外壳。

由此看来，信息的生命力取决于内容的真实性。它的真实性越高，在至少一部分听众的脑中存在的时间就越久。主动沟通方并不会将自己的思维直接暴露给听众，而是首先看到或预知到一些客观现实，或探索出某些规律和理论，从中看到了一定的真实性。出于多种原因，他们希望将这些内容分享给他人。双方的沟通意愿不会影响到内容的真实性。它可能违背当前的一切认知，但证明自己是正确的。“真理是伟大的，它无处不在，”英国诗人考文垂·巴特摩尔（Coventry Patmore）说，“即使无人在意它是否出现。”

每个人对于沟通内容的消化能力各不相同，而且主动沟通方可能会重点表达其中的事实部分。正如孩子对食物没有抵抗力，我们也渴望沟通。大脑倾向于接受和保留简单、有逻辑、已知且具体的内容，而避开复杂难懂、晦涩抽象的东西。前者就如同开胃菜或餐前酒。偶尔出现的内容有充足的时间在深层思维中慢慢消化，比一口气吞下大量枯燥的真理要好。但真正重要的只有真理，无论它是否可口。思维只能消化真理，谎言或半真半假的内容迟早会被清除。

方法

沟通的第五个要素是采用的手段或方法。所有交流首先依赖语言，接着就是图像。另外还有人们将想法从一个大脑传递到另一个大脑，以及分享对现实的主观理解时使用的书面记录、肢体语言以及声音。语言中有大量“现成”的素材，是在历史发展过程中逐渐累积起来的，如对话、演讲、论文、书籍、课程、演示文稿或信函等。

技术将这些现成的素材扩展到“电子”领域：例如，印刷技术和互联网等发明成果极大地扩展了文字的世界。

这些沟通方法或形式（承载沟通行为的媒介）是有生命的。它们像是马、牛、骡子或骆驼等牲畜，被迫劳作，也有自己的优势和劣势。有时它们甚至会颠倒因果、占据主动。有一次，我骑着一匹没有完全被驯服的骆驼行进在约旦的沙漠上，它不时转动长长的脖颈，试图扭过头咬我。沟通的方法就是这样，总是试图将你甩开。沟通手段与目标总是背道而驰；形式和内容往往相互冲突。

沟通的方法或手段不应因其多样性或新颖性而让我们晕头转向。一些传统的沟通形式就像旧衣服一样舒适且实用。我们难免会用到某种旧方法，包括书面或口头语言。但这里有一道选择题：我们无法选择要传递的信息，但是可以选择传递方法。

星形图上的其他要素决定了方法，因为各要素之间有直接关联。首先，主动沟通方必须选择自己擅长的方法：它一定要属于自己的知识范畴。不同的表达形式或媒介不一定有同等的水准；我们倾向于选择自己最熟悉的方式。以往成功或失败的经验会引导我们去选择自己最擅长和自信的方法，但选择范围是有限的，总有进一步提升的空间。

其次，我们选择的方法必须符合沟通内容。沟通方法本身不应吸引注意力，而应当衬托当前探讨的话题。任何沟通手段首先必须符合情境。我们可以找出很多种方法，但如果形式与内容或目标完全契合，被动沟通方的理解程度会更高。我们将沟通称为“艺术”，而艺术在很大程度上认为内容高于形式。

第三，方法必须适合被动沟通方。针对不同的年龄层、职业、教育背景和地位的人应采用不同的方法。被动沟通方也有自己接收信息的方法。意想不到的方法可能会带来惊喜，但前提在于它必须符合常规。我们一定要清楚地了解客户需求。如果我们以熟悉的方式（例如讲故事、授课或写文章）传达新鲜的内容，对方就更容易接受。

情境

沟通所发生的情境也会产生独特的影响。举个例子，在燃起大火的甲板上不适合长时间说教；大学校园则是授课的好地方。换句话说，在特定的时间和地点，某些方法会更合适。

当然，我们可以准确地预测情境。主动沟通方发挥想象力，提前在脑海中构想出讲话的情境，这样可以事先了解对方或听众的特点。但即使他们充分掌握了沟通情境，实际情况也会发生或大或小的变化，比如天气。因此，主动沟通方需要灵活把握，提前做好准备，在风向发生变化时提前掉转船帆，甚至可以在暴风雨到来之前及时逃离。

沟通的情境或许不会产生令人满意的沟通效果，却可能产生极大的破坏力。窗外割草机的轰隆声，咖啡杯叮当作响，空调发出的噪音，暖气或冷气过大……这种因素有很多，不仅让人无法集中注意力，也会影响信息在沟通双方之间的传递。优秀的被动沟通方会将它们看作是需要克服的职业挑战，但是普通人会感到焦躁。

情境也可以在有限范围内产生积极影响。例如，旧建筑有自己的环境或格调，适合某些话题的沟通。而如果对话内容与当代话题有关，那么明亮的新建筑有助于提升谈话氛围。

如果林肯总统在白宫花园里发表“葛底斯堡演说”，还会有同样的效果吗？历史上很多著名的沟通案例都是在恰当的情境下进行的。总而言之，在有效的沟通中，管理好情境有助于消除一切潜在障碍；而在最高效的沟通中，良好的情境可以暗中为思想的交流提供助推力。沟通方应当如一名优秀的将领，可以选择自己的战场；但如果环境不允许，他也能够开展战略部署、趋利避害。

小结

在沟通方面，我们与其他物种存在一些相似之处，尤其是通过非语言的方式表达含义的能力。与动物相比，我们具备更丰富的沟通手段，也遇到了更多的障碍。几乎没有人体验过最高水平的人际交流，例如伟大的爱，但我们都在逐渐探索自己的潜力。向未来的“康庄大道”迈出的第一步，就是记住沟通是对话，而非独白。

深入探究后我们会发现，沟通不仅仅是两个人有着共同的兴趣或意图。人类的沟通行为包含六大要素：主动沟通方、被动沟通方、目的、内容、方法和情境。其中目的是核心，其他要素成为它的动力或阻碍。六个要素之间相互关联：

◎ 主动沟通方：主动或有意识开展沟通的人，即发送信息的人。

◎ 被动沟通方：如果信息发送者为“主动方”，那么接收信息的人就是“被动方”。

◎ 目的：主动沟通方传递信息的意图或目标，也是沟通发生的诱因。

◎ 内容：包括信息中存在的观点、事实和隐含的价值。

◎ 方法：传递信息的方式，例如文字、话语或肢体语言。

◎ 情境：沟通发生的环境或氛围。

在沟通中，以上六个要素缺一不可。沟通星形图表明，连接各要素之间的线条长度相同，它们的关系是平等的。我们由此可以看出，虽然沟通的本质无法改变，但我们可以把握各要素的内在特征，并将其引导至正确的方向或比例，让它们围绕目标发挥作用，从而维持正常秩序。星形图代表混乱中的秩序：它体现了一种愿景或理想状态，其中所有沟通要素绝对规范，双方以精神、思想和行动为交流内容。我们或许永远也达不到这种状态，但需要它来指引方向。沟通星形图可以提醒我们纵观大局，不能将各要素孤立起来。

本章要点：沟通星形图

◉ 良好的沟通需要一位善于倾听且技能娴熟的主动沟通方，将真实且重要的内容传递给有敏锐感知力的被动沟通方，在有利于双方思想交流的情境中使用最合适的方法，确保目标充分实现。

◉ 在为会议做准备的过程中，你可以借鉴沟通星形图的框架。如果你安排合理，那么目的和其他五个要素之间的协调将几近完美。

◉ 探求沟通背后的真实目的；思考你要通过沟通取得什么结果。

◉ 在沟通时，除了基本信息外，还要注意背后隐含的意思。

◉ 要记住，沟通内容必须具有经得起考验的真实价值。有一句埃塞俄比亚谚语："真理之上是光明。"

◉ 在沟通时还要考虑到周围环境和沟通双方的特点，以及时机是否合适。一切事都有最佳时机和场合。

◉ 抓住机会，向对方传递有用或有价值的信息。

◉ 确保你的行为有助于促进沟通，保证言行一致。言语最终会转化为行动，而行动也是言语最好的证明。

◉ 你的目的不只是获得对方的理解，还要理解对方——成为好的聆听者。

真理有自己的面貌和姿态；如要被爱，只需让人看见。

——约翰·德莱顿（John Dryden），

《牝鹿与豹》（*The Hind and the Panther*）

03

案例研究：毁灭性的命令

他们无意追根究底，
他们勇敢服从，慷慨赴死，
挺进死亡之谷
六百轻骑兵。
——英国诗人阿尔弗雷德·丁尼生（Alfred Tennyson）

很多人都在书中读到过巴拉克拉瓦战役中“轻骑兵的冲锋”这个悲壮的故事：1854年10月25日，670名轻骑兵踏上战场，最终损失247人和475匹战马。这个灾难性的后果源于对一张纸条的误读。但在这场战役失败的背后，正如塞西尔·伍德翰姆-史密斯（Cecil Woodham-Smith）的作品《失败的原因》（*The Reason Why*）所记载的，是战场上紧张的沟通关系。

你可以在纸上画出沟通的星形图，根据每个要素及其特点分析这场战役惨败的原因。

卢肯伯爵（部队指挥官）和卡迪根伯爵（轻骑兵指挥官）之间有着长达30年的隔阂。就在巴拉克拉瓦战役前不久，卢肯伯爵和诺兰上尉（两人间的信使）曾有过争吵。这些薄弱的关系或许导致军官与上级指挥官、步兵和骑兵以及英法同盟之间缺乏凝聚力。指令下达和传递中的问题只是不良沟通的冰山一角，而轻骑兵正是在撞到这个冰山后覆没的。

要从这次事件中吸取教训，我们首先要了解它的来龙去脉。在克里米亚战争期间，俄国人试图切断英军与巴拉克拉瓦港城的通信，在塞瓦斯托波尔英军打破敌军围剿。英军重骑兵的冲锋和步兵团的顽强抵抗成功击退了俄国军队。但当时的指挥官拉格兰勋爵探查到，敌人正在右方的几处高地上清理废弃的火炮。该国地形以丘陵和山谷为主。拉格兰的指挥所处于北部山谷的顶端，山下道路崎岖。俄国人占领的高地在它侧方一英里以外的另一处开阔之地，他们的骑兵团已经重新集结，手中有12台火炮。英方的轻骑兵与拉格兰位置接近，但几乎处于谷底（参见下图）。

记住一个简单的事实：拉格兰希望轻骑兵抢夺火炮，而不是冲破俄国的防御。卢肯对这个错误的指令是如何执行的呢？塞西尔对此的描述值得我们仔细琢磨；它堪称典型的反面沟通案例：

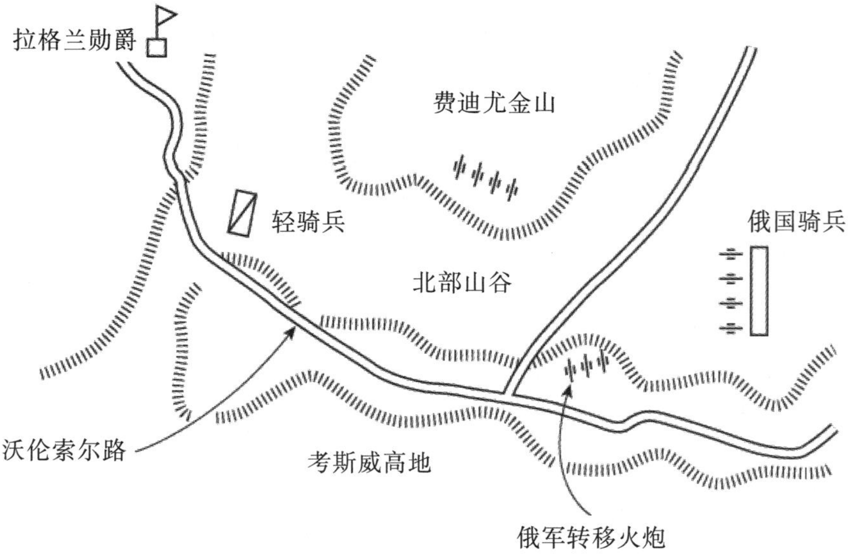

作战计划示意图

重骑兵的冲锋结束了战斗的第二阶段。斯卡莱特的壮举彻底扭转了局势。俄国军队已经无法继续向巴拉克拉瓦进发，他们被赶出了巴拉克拉瓦，甚至被彻底赶出了南部山谷，处境艰难。俄国人虽然占领了考斯威高地和多面堡，并在北部山谷另一侧的费迪尤金山上驻扎了步兵和炮兵，但在这两个位置之间约1000米宽的北部山谷没有任何军队。因此，占领了考斯威高地和多面堡的军队几乎得不到增援。拉格兰勋爵注意到了这一点，认定这是夺回多面堡、考斯威高地以及沃伦索尔路的绝佳时机。

两小时前得到命令的两个步兵团现在应该开始行动了，但是尽管剑桥公爵的第一师已经出发，乔治·卡斯卡特男爵率领的第四师却落在了后面。脾气暴躁的他不愿意离开高地，而此时阿雷将军向他下达了攻击和夺回多面堡的命令——原来是这样！他想，他的部队在战壕中筋疲力尽，却还要发起进攻；而卫队只需沿着下方的山谷行进，必要时才提供增援。他拒绝快速前进。

拉格兰的怒意很明显；威廉·霍华德·罗素注意到，他失去了以往的镇定，显得烦躁不安，不断将望远镜转至各个方向，并与阿雷将军和埃斯特科特将军商讨计策。他向卢肯发送了第三道命令，对于该命令的内容，目前流传着两个版本。拉格兰所掌握的记载显示："骑兵发起进攻，利用一切机会收复高地。步兵在两条战线上提供支援。"卢肯收到的命令稍有不同。最后一句话中有个句点，将它分为两句，意思变成了"已命令步兵提供支援。从两条战线进攻"。这一变化不会产生本质影响。拉格兰的意思是，立刻出发夺回多面堡，不用等待步兵；步兵已收到命令，随时准备支援。

卢肯的理解完全相反：他准备等到步兵抵达以后出发。不仅拉格兰的命令传递出这层含义，而且从拉格兰在整个战役期间对骑兵的态度来看，他也不可能下令让骑兵单独发起进攻。10月7日，骑兵团在巴尔干涅克河与阿尔玛河一次次遭到制止，一次次被召回，被禁止发动进攻、与敌人交战。仅一个小时左右，拉格兰就将正准备与俄国骑兵交战的骑兵团从巴拉克拉瓦的入口撤出，回到高地之下的休战区。卢肯从未想过让骑兵先发动进攻，等待步兵的支援。他要求部队整装待发，将轻骑兵转移到北部山谷尽头的位置，在沃伦索尔路的山坡上、轻骑兵的后方和右翼部署了重骑兵，然后等待步兵前来支援，用他的话说，他们“还没到”。

十分钟、一刻钟、一个半小时过去了，步兵仍未出现。又过了45分钟，卢肯还在等。拉格兰下达的冲锋命令似乎过于草率。骑兵无法抵达坎罗贝茨山顶上的一号多面堡。在二号和三号多面堡，部队需要与山上的俄国步兵和炮兵正面交战。重骑兵之前已经抵达了二号堡垒的射程之内，但被要求撤退。但拉格兰敏锐地感知到，俄国军队已经无法承受重骑兵的猛烈攻势，而且还受到英国军队的威胁，所以准备撤退。战后与俄国军官的交流证明拉格兰的判断是正确的。俄国军队在看到敌军强大而又坚如磐石的骑兵团在少数重骑兵前面冲锋陷阵时，沮丧的情绪便开始蔓延。当时，英国军队士气大振，应当乘胜追击，但是高地上出现了焦躁和愤慨的声音，因为重骑兵取得胜利之后没有进一步的行动，而卢肯和他的骑兵仍然按兵不动。

突然，考斯威高地一带出现了行动。有人透过望远镜隐约看到，一小撮炮兵部队正在往多面堡的方向前进。军中一片哗然：“天呐！他们要拿走火炮！”——那些用于多面堡防御的英国海军野战炮。

夺取野战炮是胜利的标志：如果俄罗斯人不仅占据了重要位置，还俘获了野战炮，拉格兰就更难找到理由解释俄国人对他的打击。必须阻止他们搬走野战炮。拉格兰找来阿雷将军，迅速下达命令。阿雷将军从口袋里找出一张纸，用铅笔记下命令的内容，然后读给拉格兰听，后者又加上了几句话。

这是在巴拉克拉瓦的当天卢肯收到的“第四道命令”，成了“轻骑兵冲锋”的直接原因。这张纸条保存至今，看起来残破不堪，薄薄的纸片满是褶皱，上面的铅笔字迹也极为潦草，看起来毫不起眼。上面写道：“拉格兰勋爵要求轻骑兵迅速赶赴前线，尾随敌人并阻止敌人夺走野战炮。炮兵部队可协同作战。法国骑兵在你左翼。即刻出发。阿雷（署名）。”

来自格拉斯哥莱斯利家族的托马斯·莱斯利上尉当时是第一副官，命令刚交到他手里时，诺兰突然插手此事，声称传达命令的使命应由自己来完成，因为他的级别更高，且骑马更熟练。从高地到六七百英尺以下的平原只有一条非常陡峭的路可走，而速度高于一切。拉格兰同意了，诺兰从莱斯利手中夺走文件，飞奔而去。在他冲下坡之前，拉格兰对他大喊：“告诉卢肯，骑兵必须立刻进攻。”诺兰以惊人的速度冲向了高地的边缘。

面对这条陡峭崎岖的山路，任何人都会小心翼翼，但是诺兰快马加鞭，高地上的观察员屏住呼吸，眼睁睁看着他跌跌撞撞地冲下了平原。

对于爱德华·诺兰来说，这一天糟糕透了；唯一的成果——重骑兵的冲锋，也显得如此微不足道。轻骑兵出身的他坚定地认为轻骑兵的效率优于重骑兵（他曾经写道：“如此笨拙，如此沉重”），而在此役的第一场骑兵行动中，轻骑兵什么也没做。他在焦躁不安中等待了一个又一个小时，看着轻骑兵旅站在一旁，一动不动，毫无荣耀感，而且作为旁观者可以大胆地说，这种不作为简直可耻。

为此，他愤怒地指责了卢肯（他每次在骑兵不参与行动时都会责骂卢肯），用威廉·霍华德·罗素的话来说，对他“大发雷霆”，整个营地都听得见。诺兰有着爱尔兰和意大利血统，容易激动，性格坚毅、鲁莽且勇敢，他像个复仇天使，怒气满满地从高地呼啸而下，赶去传达要求他看不起的人发动进攻的命令。

看到诺兰安全到达平原，观察员终于松了口气。大汗淋漓的他骑着筋疲力尽的战马在平原上继续奔驰，由于着陆过猛而受到冲撞。他将纸条交给马背上的卢肯。后者打开它读了一遍。

在卢肯看来，上面的内容非常模糊。拉格兰和阿雷忘记了自己是在600英尺[1]的高空向下俯视；他们不仅能看到整个行动，而且从上面看，这里一马平川。卢肯从自己的位置却什么都看不到。地面高低不平遮掩了多面堡周围的情况，他的眼前没有一个敌军士兵，他也无法判断敌人的动向，因为他本能地排斥与俄国人近距离接触。在接到第三道命令时，他就应该开展侦察工作。他在发现自己的位置看不到任何东西时就应该换一个地方——但他没有。

他"认真地"读了一遍纸条上的内容，这种过分的认真劲让旁边焦躁不安的诺兰几乎快疯掉了。在卢肯看来，这条命令不仅晦涩难懂，而且荒唐可笑：炮兵将受到骑兵的攻击；上面没有提到步兵的支援；在这种情况下，将装填炮弹的骑兵首先消灭，是最基本的。对于这些生死时刻，卢肯说，他"感到犹豫，并指出这种攻击行动毫无意义，还存在危险"；但是几近疯狂的诺兰不耐烦地打断了他，"以一种不容置疑的语气"重复了他在高地上收到的最后信息："拉格兰勋爵要求骑兵立刻发动进攻。"

从来没有副官敢用这种语气对中将说话；除此之外，卢肯知道诺兰厌恶并习惯性地虐待自己。在这样的情况下，让人保持冷静是很难的，

1　1英尺≈0.3048米，此处约为182.88米高空。——译者注

而且卢肯的脾气也很暴躁。他写道，自己什么也没看见，“视线范围内既没有敌人也没有野战炮，”而且他完全没看懂命令。后来有人说，拉格兰的本意是将第三和第四道指令放在一起看，第三道指令要求出兵收复高地，这清楚地表明，第四道指令中提到的野战炮一定在高地上。但卢肯将两道指令分开理解。他生气地转向诺兰：“发动进攻？进攻哪里？哪儿有野战炮？”

关键时刻到了。诺兰把头向后一仰，“作出一副居高临下的姿态”，甩开胳膊，以一种愤怒的姿态指着北部山谷，被重骑兵彻底击败的俄国骑兵正带着野战炮驻扎在那里。“伯爵大人，你的敌人和你的野战炮就在那儿。”他说。这些话和这个姿势决定了轻骑兵后来的命运。

诺兰是什么意思？有人认为他的手势只是一种嘲讽，他无意表明任何方向，而愤怒的卢肯从他张开的手臂中解读出了并不存在的含义。

真相再也不会有人知道，因为几分钟后诺兰就被杀死了，但他在那短短的时间里作出的行为表明，他确实认为应当向北部山谷发起进攻，夺回野战炮（被重骑兵击溃的俄国军队正是在野战炮的掩护下才有机会撤退的）。

找到其中的问题并不难。诺兰是狂热的骑兵，也是天才指挥官，他清楚地意识到，轻装旅如果未能乘胜追击将错失巨大的机会。这的确是当时最明显的错误，眼睁睁地看着被击溃的俄国人带着战利品全身而退，他一定既愤怒又绝望。当收到第四道命令时，他激动得忘乎所以，却误读了它的内容。他开心地以为终于可以向俄国人复仇了。他没有带上第三道命令，而第四道命令本身相当不清楚。此外，拉格兰对他说的最后一句话（“告诉卢肯，骑兵必须立刻进攻。”）不够精确，这一点尤为致命。

于是他疯狂地冲下高地，以一种轻蔑的姿态嘲讽那个不擅长调用骑兵的人，指着北部山谷说："伯爵大人，你的敌人和你的野战炮就在那儿。"

卢肯感觉自己陷入了可怕的困境。他对拉格兰勋爵的不满无法言喻。在他看来，他在战斗中收到的命令不仅愚蠢、晦涩，而且带有侮辱性。他后来写到，自己的待遇像一个底层士兵。他被迫离开指挥位置——与科林·坎贝尔并肩作战的位置，因此在重骑兵胜利冲锋后便不再继续追击。他收到命令要求他等待步兵，却没有进一步解释。什么步兵？现在又来了一道命令，让他的部下以身赴死。在整场战役中，他曾因为拉格兰的命令而尝到苦果；现在他预见到了毁灭，却无能为力。《英国军队条例》规定："副官……的一切指示视同于将军本人的命令，任何人不得违抗。"该条例是由惠灵顿公爵颁布的。如果卢肯拒绝执行上级发布和传达的命令，那么他别无选择，只能"把自己的脑袋打开花"。

诺兰的举止如此无礼，在外人看来他可能会被抓起来。但卢肯只是耸了耸肩，转过身，快速跑到轻骑兵团前面找到卡迪根。

诺兰骑着马来到朋友莫里斯上尉身旁，后者之前曾敦促卡迪根乘胜追击，现立于第十七骑兵队之前，允许诺兰在冲锋中与自己并肩作战。

两人沉默了几分钟。诺兰在自己的密友和支持者旁边，却没有透露冲锋的目标，这一点令人难以置信。如果诺兰认为进攻目标是考斯威高地和各个多面堡，他一定会告诉莫里斯。莫里斯最终虽保住了性命，却身负重伤；他始终以为进攻目标是北部山谷的野战炮。

与此同时，卢肯几乎是第一次有机会与卡迪根当面交谈。如果两个人之间的嫌隙没有那么深，如果他们能一起探讨命令背后的意图，轻骑兵就会得救。但是很可惜，30年的仇恨无法消除；不过双方都严格遵守军规。卢肯带着上级的命令，将其中的内容告知卡迪根，并命令他率领轻骑兵向北部山谷前进，他本人则率领重骑兵跟在后面，准备支援。

卡迪根作出了令人意想不到的行为。他虽然憎恨自己面前的这个人，但始终恪守军事礼节。他放下剑以示敬礼，然后说："好的，长官；但请允许我指出，俄国人在前方的山谷中驻扎了炮兵，两翼有炮兵和步兵。"

卢肯再次耸了耸肩。"我知道，"他说，"拉格兰勋爵应该也了解。但我们别无选择，只能服从命令。"卡迪根没有说话，只是再次敬了个礼。随后，卢肯命令他"稳步前进，保持阵型"。卡迪根又一次向他致敬，然后骑上马来到副官乔治·佩杰特伯爵面前，大声说："跟着我，向前冲！"

◀ 第二部分 ▶

沟通的技巧

04

注重说话的效果

说话要得体，尽量用简洁和直白的语言；

说话的目的不是卖弄知识，而是让对方理解。

——宾夕法尼亚州改革者、创始人威廉·佩恩（William Penn）

公开发言的场合有很多种。我们在工作中可能需要做情况介绍、演示或正式演讲。一些职业领域（尤其是法律、政治和教育）对从业者的表达能力有很高的要求。随着沟通艺术对于合作取得成果的意义愈加重要，包括管理和监督岗位在内的其他领域也开始呈现这一特征。

但是在工商业和公共服务领域，公开说话的场合相对较为随意：会前讲几句话，在会上提问，或在项目发布前举行吹风会。但这也需要企业管理者或团队领导有较强的说话能力。

本章内容不仅限于工作环境。大多数人都生活在社群里，每个人都有家人和朋友。我们或许永远也学不会开船或做生意，但几乎所有人都有过在某个场合"说几句话"的经历。这几句话或许可以为当前的场合增光添彩，例如婚礼上的祝词；或者在会上给其他人提供灵感。无论在工作还是生活中，沟通或说话的能力与良好的领导力和积极参与密不可分。

关于说话的理论成果

在公共场合发言是个重要的话题，值得用较多篇幅来探讨。据记载，最早的关于“修辞学”（使用语言来指导、打动或取悦他人的艺术）的作品是公元前460年一位叫作科拉克斯（Corax）的西西里作家撰写的。遗憾的是，他的作品未能流传至今。在随后的几个世纪，雅典的德摩斯梯尼（Demosthenes）与罗马的西塞罗（Cicero）等人根据当时的标准和流行观点进一步发展并完善了“修辞学”。这些人的“语言技巧”和作品，以及少数专业演说家的成果为后来针对“劝导的艺术”［公元前4世纪，希腊哲学家亚里士多德在其著作《修辞学》（*Rehetoric*）中首次提出］制定规则提供了基础。

要了解说话规则的演变，一部全面的作品——昆提利安（Quintilian）的《雄辩术原理》（*Institutio Oratoria*）或许是最好的切入点。这本书写于公元95年，当时罗马帝国正走向鼎盛时期。罗马修辞学家昆提利安借鉴了恺撒对高卢和高卢战争的评价，认为这一主题包含三个部分：修辞的艺术、说话本身以及需要说话的情境。

昆提利安关注的重点是“修辞的艺术”，将其分为五个部分。前两个部分称为“创造”（收集素材）和“处置”（按顺序排列）；第三部分是将所有内容变成文字；第四部分是将它背下来；最后是说话。说话本身也应分为五个阶段：通过自我介绍赢得听众的好感；介绍讲话的主旨；论证自己的观点；驳斥相反的观点；最后是总结，概括所说要点或调动听众的情绪。

昆提利安和其他作者最关注的是修辞艺术的第三部分——将素材转为文字。他们将其称为“雄辩”（elocution），源自拉丁语的一个动词，原意为“说出”。对罗马人来说，它的含义类似于我们所说的“风格”，直到后来才衍生出现代的用法，只保留了发音。说话风格包含所有构建短语与句子的技巧和方法，用于服务当前内容和取悦听众。

在最早的文献中我们就能看出两派不同的修辞学家围绕内容和方法的激烈争执。一方称为“亚洲派”，偏爱华丽的风格，喜欢堆砌大量繁复的辞藻；另一方为“雅典派”，提倡简单朴实的语言，让内容不言自明，反对使用不必要的修饰语。我们可以从建筑风格上明显看出两者的区别：一方是巴洛克式的华丽装饰，另一方则是朴素的古典希腊和罗马建筑。

德摩斯梯尼从未借助华丽的词汇修饰自己的语言，但他擅长使用多种技巧吸引听众的注意力：自相矛盾的论点，戏剧性的情感爆发，充满想象力的对话，对重点的反复强调，以及简单而犀利的措辞。但他的语言非常简洁，有时也很随意。大约两个世纪以后的西塞罗将“亚洲派”和“雅典派”两种风格融合在一起。他擅长使用较长的“掉尾句”，一步步引导听众的思维。在愤怒地反驳政敌时，他的语言听起来短促有力，仿佛一支支箭凌厉地射向对方。西塞罗组织语言的能力很强，他的话像诗句一样动人，但从不偏离主题。有人曾说，在他说完最后一句话时，观众会跳起来报以雷鸣般的掌声。

从昆提利安论文中的第三点（也是最后一部分内容，即演讲的类型）中，我们可以看到他在尝试构建修辞学或演讲学理论中存在的问题。他根据自己的标准将演讲分为三类：表演性演讲（用他的话说是“展示性”演讲），政治性或“审议性”演讲，以及法律诉讼。注意，史上最有影响力的一场演讲——《圣马太福音》中提到的“登山宝训”——在昆提利安出生前几十年就发生了，而且它不属于上面任何一种类型，所以我们可以看到，这种传统分类方法遗漏了大量演讲类型。

几个世纪过去了，其局限性越来越明显。修辞学开始落后，由于无法适应环境和需求的变化而逐渐失去活力。从政治和公共生活的角度看，修辞学的概念慢慢退回到了法律和学术领域。它强调形式（或方法）而忽略了内容，且偏好“亚洲派”的语言风格。

除了演讲类型，听众也发生了变化，导致书本上关于修辞学的内容看起来更加不合时宜。世界不断变化，现代的教科书也无法跟上时代的脚步。甚至连温斯顿·丘吉尔的演说都已经是将近100年前的事了（大部分发表于1939年至1945年的第二次世界大战期间），如今更是有些过时。

但是，希腊和罗马演说家总结出的沟通六大要素（参见第二章的沟通星形图）非常值得研究。

举个例子，这些演说家从未将公开演讲看作是大量技巧或方法的罗列。他们关注的重点是沟通者的智力天赋和教育水平。正如罗马政治家卡托所说的，真正的演说家是“擅长说话的好人”。昆提利安正是这种人，他的作品中处处体现了他的正直和仁厚。

其次，希腊和罗马演说家都强调内容的重要性。他们知道，真理或正义比谎言或罪恶的沟通效果更好。当然他们也清楚，巧言善辩的人会让其他人接受不真实或不公正的东西；有些人认为，当前的良好状态可以证明这些东西是合理的。但他们也承认，这在某种程度上违背了自然规律。我们可以从善良、幸福、正义和谦逊等价值观中找到反面例证。亚里士多德曾用“话题”（topic）一词（出自希腊语，原意为“地点”）来代表这种价值观，一直沿用至今。

第三，古时的理论家强调要“了解”听众，现在也一样。这些理论家对于愤怒或怜悯等情绪的心理学研究尤为感兴趣。现在是21世纪，我们都目睹过挑衅性言语产生的负面影响（以希特勒和墨索里尼等人为例），而在当前这个文化阶段，很多人仍然羞于表达情感。因此，“了解”他人对我们或许没有太大的吸引力。但是，过去伟大的演讲者告诉我们，要达到说话的目的，我们要充分理解其他人（尤其是听众）的想法，这是最重要的。用西塞罗的话说，说话的目的在于“指导、打动或取悦他人”。

有效说话和沟通的五大原则

要想提高口头表达能力，我们是否应该放弃研究沟通的理论，完全依赖思维的分析、整合与评估功能？我认为不应该，有两点原因。

首先，思维的一般能力与大声跟别人交谈的具体情境之间存在很大差距：我们需要在两者之间架起桥梁，给人创造施展沟通能力的空间。仅仅要求别人分析（内容、听众和情境）并整合（内容与方法），这是不够的，这种建议过于宽泛了。

其次，虽然每一次沟通都是独一无二的，但在一定程度上，可以将它概括为几类。例如，婚礼祝词与选举或告别演说一样，都有固定的场合。所以我们可以对此进行归类。

但归类的标准和规则是什么呢？规则本身就有很多种。“与邻为善”和“餐后刷牙”是两件完全不同的事。如果规则过于具体，你就有可能忽略具体情境中的变数。规则要具体且符合实际，但也要将前提条件和例外情况包含进来。几个月后，这套规则可能就过时了。反过来，如果规则过于宽泛，就会变得抽象，让人很难理解。我们或许会认同这些规则，但面对具体情况时仍然不会采纳。“动脑思考一下！”这或许是一条不错的规则，但没什么效果。

真正的方法或许在于找到正确的价值观。价值观有多种不同的组合。

在沟通过程中，我们需要一套价值观，帮助我们分析和整合内容、方法、被动沟通方和情境等要素。价值观不会因为沟通方式或情境的变化而消失——它是永恒的。

言归正传！我认为，沟通至少有五项原则：思维清晰、准备充分、内容简洁、语言生动、表达自然。你也可以进行补充。我在说话之前习惯性地提醒自己要遵守这些规则——但并非总有好的效果！

思维清晰

思维清晰是说话和写作的基本原则，因此，良好的沟通从保持思维清晰开始。1674年，法国诗人尼古拉·布瓦洛（Nicholas Boileau）道出了这个真相：

> 构思好了才能表达清楚，
> 也自然能够组织好语言。

思维清晰是表达明确的前提：如果你的思维乱成一团，别人就很难理解你的意思。

因此，该原则应从顶层管理者开始执行。我们首先要理清思维，消除大脑中的不确定性。这需要我们掌握分析、整合与评估能力，具体内容可参考本丛书中的《高效决策：实现创造性决策的必备思维》。

但我们不能想当然地以为清晰即代表真实。有人曾经说过，在爱尔兰剧作家萧伯纳的脑中，大量清晰的想法乱糟糟地交织在一起。即便如此，真理并不总是纯净透明的，“发光的并不一定是金子”。

思维清晰是一种付出与回报成正比的价值：只要你愿意付出代价，就能得到它。你要甘心承受思维的混乱与模糊，直到云开月明、尘埃落定，一切问题或行动路线变得清晰起来。在沟通中，真实与清晰这两点几乎是必不可少的，从长远来看尤其如此。

蒙哥马利元帅就非常善于运用“思维清晰”的原则。听说过他的人都知道，他在战争期间可谓是一个传奇。我在伦敦圣保罗中学读书时，作为校友的蒙哥马利曾回到学校，针对诺曼底登陆计划发表演说。他演讲时所处的建筑正是战时的盟军总部——事实上，他和其他将军正是在这个房间里向乔治六世国王和丘吉尔做最后的演示。因此，对于14岁的我来说，要体会到当时的“气氛”并不难。

毕竟，他的思维仍然很清晰。在罗纳德·莱温（Ronald Lewin）所著的《军事指挥官蒙哥马利》（*Montgomery as a Military Commander*）一书中，艾萨米准将强调了这一点：

> 他将复杂的情况介绍得极为清楚，并且能够描述一场长时间的军事行动，其间完全不参考任何笔记。他讲话时会看着听众的眼睛。他可以准确抓住问题的本质，并提出相当具体的解决办法。对方几乎不会误解他的意思，哪怕事实令人难以接受。

思维清晰的原则要求我们将导致脑中的筹划、推理和表达混乱不清的因素消除。你所表达的内容应当有清晰的条理和结构，让别人知道你在说什么以及接下来的走向。问题的价值一定要明确，因为这是最容易导致思维混乱的地方。最后，保持思维清晰的原则有助于我们避开晦涩难懂的素材、模糊的言论、少有人能理解的典故，或虽流行但意义不明的词语。

准备充分

明确沟通的目的、内容和计划（包括正式演讲和非正式对话），这是必要的准备工作。

很多人都听说过一句格言："时刻准备着。"当然，你无法对所有突发事件都做到未雨绸缪，只能做好心理准备应对事先无法预知的情况。但是在发表演讲之前，你可以提前针对具体的场合做好准备。你可能有几星期或几分钟的时间，但不管怎样，提前准备都是有必要的。

做准备的方式或程度多种多样，但我们一定要将一般准备和具体准备区分开来。例如，如果你是肖像画家，那么你过去的所有培训和经历都是你坐下来开始动笔前的准备。举个例子：

> 皇家艺术学院的第一任校长约书亚·雷诺兹爵士是一位白手起家的成功人士，他曾给一位钢铁大亨画肖像。与很多有钱人一样，这位钢铁大亨非常精打细算。当收到一张几百英镑（当时是一笔不小的数目）的发票时，他怒不可遏，冲进约书亚的工作室向他抱怨。
>
> "你花在我的脸上的时间还不到12个小时，"他说，"其他大部分工作都是你助手完成的。我为什么要为这12个小时付600多英镑？我手下最优秀的高管都拿不到这么高的薪水。"
>
> "先生，这不是12小时工作的价格，"雷诺兹回答，"是过去30年的。正是这么多年的辛苦积累和付出，我才知道这12个小时里拿着刷子应该怎么做。"

英国作家G. K.切斯特顿（G. K. Chesterton）给未来的妻子写道：

“我一生都在为爱你而做着准备。”沟通的一般准备可以追溯到你在学校里的阅读、写作、探讨和辩论，还有举手回答问题的时光。它还包括毕业后（通常是工作期间）对有效沟通原则和实践的积累。本书对日常生活中所有的一般准备活动进行了总结。

具体准备包含针对具体情境制定的详细策略。对于肖像画家来说，他们要提前在画布上涂底漆，挑选并排列好画笔和颜料，以及确保工作室温暖且光线充足等。可能还要提前了解对方的性格特点，例如他们喜欢听什么音乐，喜欢聊什么话题，或者应该给他们准备什么点心。

关于在沟通之前应该做哪些准备，可参考鲁德亚德·吉卜林（Rudyard Kipling）在《原来如此：讲给孩子们的故事》（*Just So Stories*）给出的答案：

> 我留下了六个诚实的仆人
> （他们教会我一切）；
> 他们的名字叫“什么”“为什么”“何时”
> 还有“如何”“在哪里”和“谁”。

我在下一页的表格中调整了这六点的顺序，但谁先谁后并不重要。它们就像思维工具包里的六把斧子，始终保持锋利，随时可以使用。

准备的时间通常有限，但你总能有一两分钟来制订计划。对于一个在某些领域有充分准备的人来说，临时受邀演讲的机会可以体现出他们的优势。不过优秀的沟通者仍会设法避免出现这些意外。

我从失败的经验中了解到，充分准备不意味着思想僵化。做好规划以后，将它付诸实践是水到渠成的事。但困难之处在于，计划是针对特定情形作出来的，而真实情况可能并非如此，我们从下面的案例中可以看到：

亨利·康普顿对于政府计划在他的花园旁边的农田中开辟高速公路感到不满。他认真准备了一份听证会发言稿，列出了公路对自然环境将造成的十点影响，尤其是会对偶尔来歇脚的珍稀斑点非洲啄木鸟的栖息地造成破坏。

政府代表首先简要介绍了规划，接下来主席宣布开始公开提问，这便是亨利等待发言的时机，他准备了十分钟的内容。

“由于时间有限，我们要把每个人的发言限制在三分钟之内。下一位是康普顿先生，”有人说。

亨利站起来，开始发表长达十分钟的演讲。他刚讲到第三点（前面三点花费的时间比他想象得要长）时，主席打断了他，他只能坐下。亨利只不过重复了其他人说过的东西，而最重要的第十点——关于非洲啄木鸟的问题却没有机会提出来。

充分准备：提前规划的一些方法	
问　题	内　容
谁?	你的沟通对象是谁？试着想象他们的样子—— 一个人、几个人或者一群人。他们的兴趣点、思维模式和价值观是什么？他们与其他人有何相同或独特之处？
什么?	你要交流的内容是什么？不妨给自己制定一套“成功标准”。你如何判断自己是否成功表达了内心的想法？
如何?	你如何最有效地传递信息？语言能力很重要。你要针对特定的听众组织语言，想好开头、正文和结尾。如果条件允许，可使用视听手段来辅助
何时?	时间是沟通的重要因素。你需要培养时间观念，确保别人能听到你的建议。要在正确的时间开口或保持沉默。沉默不语好过言语有失

（续表）

充分准备：提前规划的一些方法	
问　题	内　容
在哪里？	你了解场地环境吗？你可以提前参观或重新布置场地。检查音响（和投影）设备
为什么？	为了吸引听众的注意力，你要了解他们为何要坐在这里——必要的话可以指出来。因此，你首先自己要清楚沟通的原因，知道你要讲的内容有什么价值

亨利·康普顿过分地忠于原稿，没有按照实际情况进行调整。如果他能认清状况，就会发现想在有限的时间内发言的人数严重限制了发言的时长。他在最后一刻没能调整计划，因此错失了这次机会。

内容简洁

不要给听众出难题。在沟通中，简洁指的是避免复杂或烦琐的内容，让听众能迅速理解。不要将它与轻松相混淆，后者指的是不需要付出努力便可以理解。

追求思维的简洁也就是探索主题的本质，只与当前主题有关，不会与其他内容相混淆。这需要我们培养分析的技能。在提炼某个主题的核心之前，我们要进行剖析，去粗取精。“简化”意味着降低复杂性或难度，从而更容易理解、执行或运用。

EFFECTIVE COMMUNICATION

内容简洁

英国前首相哈罗德·麦克米伦曾经介绍过自己的一次经历：他在下议院首次演讲后，享有盛名的前任首相大卫·劳合·乔治（20世纪伟大的政治演说家）把他叫到了自己的面前。劳合·乔治对麦克米伦的首秀表示赞赏，接下来给他提了一点建议："如果你是国会议员，发言时只能提出一点内容（你可以通过不同的方式表达观点，但只能围绕一个点展开）。部长有机会提出两点。只有首相才有资格提出三点。"

接下来，我们要严格区分简洁与过度简化。保持内容简洁并不容易，尤其是当该主题复杂性极高的时候。但即便如此，我们仍然可以选择以最简单的方式表达其复杂性，或者在措辞方式和语言中反映出这种复杂性。用简单的语言阐述有难度的话题，而又不过度简化，这是优秀演讲者的一个特征。当然，我们不应将简洁与过度简化或浮于表面相等同。简洁的东西可以有深度，而复杂性也可能掩盖内容的空虚。

练习：内容简洁

花一点时间回答以下问题。它们会帮助你深刻理解"简洁"的概念：

◎ 你能否在本专业领域中想到一个人，他善于将复杂的话题变得简洁，又不至于过度简化？

◎ 选择一项外行难以理解的工作内容。你将如何在翻译人员的帮助下解释给南美洲的原住民听？

◎ 专业人士有时会故意用高深莫测的语言讲解本专业领域的简单道

理，请分析三点原因。

但是保持内容简洁的重点在于看清所有困难，并冲破一切复杂性，直达问题的核心——这里才是一切现象的本质所在。对于管理者和科学家来说，道理都是一样的。诺贝尔化学奖获得者马克斯·佩鲁兹（Max Perutz）曾经对晶体学先驱劳伦斯·布拉格教授大加赞赏：

> 他的思维像芭蕾舞演员一样跳跃自如，极为放松。其独特之处（也是让他的演讲尤为精彩的原因）在于他将深刻的逻辑与视觉图像相结合。在晶体结构分析中，他找到一组复杂的原子在空间排列上的美学和物理学原理，然后面带笑容地向大家展示出最终方案的美感和简洁。

这样的例子比比皆是：优秀的演讲者自然会遵循“简洁”的原则，而拙劣的演讲者会让听众在复杂的迷宫里迷失。联邦德国前总理维利·勃兰特（Willy Brandt）在提起“欧共体”之父让·莫内（Jean Monnet）时说道：“他能够将复杂的问题变得很简单。”毫无疑问，简洁性不仅伴随着高超的艺术与科学水平，也是政治才能的标志。

除了内容和排列方法，“简洁”原则也应适用于语言。在这里，我们必须努力克制在公开对话或演讲中盲目使用生涩词汇的欲望。但是要抵制这种专业霸权，就必须充分理解词汇、标识和符号背后所代表的复杂性与深远意义。否则，谈话就会变得过于简单或肤浅。也许我们需要努力争取简洁的权利。

“我可以使用直白的语言，因为每个人都清楚，如果我愿意，是有能力使用数学语言的，”逻辑学家和哲学家伯特兰·罗素（Bertrand

Russell）在《记忆肖像集》（*Portraits from Memory*）中写道，“我给年轻教授的建议是，他们的早期作品可以用艰深晦涩的术语来完成，先让少数专业人士看懂。在此基础上，他们可以逐渐使用大多数人能理解的语言表达自己的观点。”他的建议同样适用于需要与同行讨论技术问题的人。

在实际情况中，沟通的目标是行动，因此指令的内容越简洁，人们越容易记住它并付诸实践。1805年10月，纳尔逊勋爵（Lord Nelson）从皇家海军胜利号舰船上给汉密尔顿夫人写了封信，描述了海军上校对他为即将到来的特拉法加战役所制定的战略作出的反应：

> 我于28日晚加入海军，但直到第二天早上才与他们联系上。我相信，他们会非常欢迎我，不仅是海军司令，还包括军中的每个人；我开始解释“纳尔逊战法”，这对他们来说有如一道惊雷，有人落下了泪，所有人都表示支持：“这是个新想法！”“真是与众不同！”“这个办法真简单！”从上将至以下各级都在重复一句话：“这个方法定能成功，他们将坐以待毙。”

语言生动

纳尔逊用生动的语言描述了作战计划。他没有一本正经地作演讲，这说明他不是演说家。但是对官兵来说，他是高效的沟通者。他可以让海军战略呈现出视觉效果和极大的诱惑力。你能用同样的方式介绍下一年的营销计划吗？

生动原则包含一切能使语言变得有趣、引人入胜和有吸引力的手段。

拉丁语动词“vivere”的意思是“活下去”，而“生动”（vivid）一词的字面意思是“充满生机”。它所表现的是（各年龄层的）演讲者和主题中充满活力、积极、热情、精力充沛、坚强、温暖、新鲜、明亮、闪耀与生动的特点。如果话题或内容清晰而简洁，它就会朝着生动的方向发展，但我们仍然要主动赋予它生机与活力。

因此，如果一切基础都已打好，接下来我们要关注的就是语言的生动性。它不会通过对一个人人格的充分表现来实现。在公开演讲的场合（无论规模大小），重点在于“通过人表达真理”。我们要为对方（而不是我们自己）揭示真理。只有这样，说话者才能具备英国诗人托马斯·格雷所说的“会呼吸的思想，会燃烧的文字”。

运用“语言生动”原则的第一步是对自己谈论的内容和交谈对象产生兴趣——顺序不可更改。兴趣本身是一种生命的表现形式，是人的一种吸引力。当然，遗传基因、家庭养育和教育环境确实可以让我们对某些主题或话题更有兴趣。但是这些领域非常广阔，可概括为人、事、观念、过去、现在或未来。这其中还有很多具体的主题。此外，人和人之间存在一些共同特征，如果一个人对某个学科有极大的兴趣，他迟早能找到同道中人。

但是，兴趣也可以是人们脑中安静而低调的活动。我们可能会认可它，但不一定愿意分享它。并非所有人都拥有点燃他人兴趣的天赋。但是没有人能够抵抗“热情”——一种因快乐而闪耀的兴趣。充满热情的演讲者几乎不会让人感到无聊：他可以自然而然地运用“语言生动”的原则。

关于热情

热情是指对周围每时每刻发生之事持续存在强烈的喜悦感，以及愉快地从中创造出某种秩序、模式和艺术感的决心。这意味着你要凭借胆识与渴望来应对问题、困惑和障碍。

我们可以有意识地从最为常规或细微的东西中找出令人着迷、兴奋、快乐和感动的方面，并调动自己全部的积极性，全身心地投入其中。

我们不必矫揉造作，让朋友感到不舒服，但也不需要躲躲藏藏；我们应该享受自己所做的事。

——约翰·卡森（John Casson）

除此之外，在运用“生动”原则时，你还要发挥创造力。在大众传播领域，“戏剧”的舞台感是一种方法。蒙哥马利和纳尔逊都曾将舞台化的手段用在沟通上。独自一人站在舞台上的“蒙蒂”穿着挂满勋章的战袍，表达出了战斗固有的戏剧性。纳尔逊爱上一位曾经的女演员，或者他在特拉法加战役期间的重要场合坚持穿上饰有金边的蓝色制服，这些或许并非巧合。最重要的是，他能够把握住一个伟大的时刻，并让它自行呈现，俨然舞台上一位优秀的演员。

在小型聚会或团体中，以及戏剧效果没那么强烈的环境下，戏剧化手段也可以帮助我们快速说服业余人士。因此，第一步是寻找话题中相关的生动性。例如，我还在部队里时，有一天下午学习挖战壕。教官讲完基本方法后，我们这些新兵被带到一大片田地中间，每人拿到一把铁锹，并收到通知：30分钟后将有人用机关枪扫射这里。我们从来没挖得这么快过……这堂课的主题看似枯燥，只不过是挖战壕，但教官选择了非常生动的讲解方式。

提高语言水平或其影响力的一种方法是使用隐喻或类比。但是请记住，语言应服务于意义，正如方法应为内容服务。意义和内容总面临着被语言和表达方法喧宾夺主的危险（例如隐喻或视觉辅助工具）。我们可根据最终的效果判断：人们从中得到了信息，还是仅仅因生动的类比或炫目的视觉效果而笑出声？德摩斯梯尼被誉为雅典最伟大的演说家，也是长期反对马其顿国王菲利普的杰出政治领袖，他曾对一个对手说："你的听众会说：'他讲得真好！'但我会让他们说：'我们反对菲利普！'"

图片会传递生动感，无论是真实的还是口头描述的。有视觉效果的隐喻或明喻就像一张简洁而生动的图片，有助于实现清晰和简洁。幽默感可以让工作上的交流更加活跃，因为欢声笑语和枯燥无趣无法共存。沟通虽重要，但不能古板。请记住，不要让生动的图像或幽默感转移人们对信息本身的注意力。

表达自然

前面四项原则在很大程度上适用于谈话或演讲开始之前，即使只有几分钟的准备时间。第五项原则——"表达自然"主要用在说话的过程中：它支配着我们的说话方式。当然，它也会在前期思考中发挥作用，因为主题和方法对你来说应该是信手拈来的。

EFFECTIVE COMMUNICATION

轻松的优雅

在很多东西上——包括爱，入睡或行为不受影响，我们越努力，效果就越糟糕。

——C.S. 刘易斯（C.S.Lewis），《中世纪和文艺复兴时期的文学研究》（*Studies in Medieval and Renaissance Literature*）

在公开发言的场合，艺术与所有高雅的东西一样，可以为自然的表达增色，而不会破坏它。在这里，情境的影响尤其令人苦恼。我们都知道，在某些情况下要表现得自然是很难的。跳过4英尺宽的小溪可能很轻松，但是在几千英尺高的悬崖边，这么宽的距离会让人怕得不敢动。“表达自然”需要你关闭对当前环境中的危险信号的感知，尽量自然地说话，仿佛站在自己家里一样。这一点说起来容易，做起来难。然而，放松可以帮助我们消除声音里的紧张。经验丰富的演员举止自然而放松，是我们学习的榜样。

但是，表达自然的原则并不是让你在被迫坐下来的听众面前展现自己内在不堪的一面。放松很容易转变为草率，正如“顺其自然”有时会被解读为缺乏充分准备。气氛融洽的闲聊，夹杂着大量口语——不应与自然的表达混为一谈。所有原则必须同时遵循。将“思维清晰”的原则运用于说话的过程中，可以帮助我们说得清楚明白；将平常自然的表达进行放大，可以满足更大场合的要求。

很多关于沟通的教科书都用大量篇幅讲解呼吸、语调、发音和手势的技巧。

毫无疑问，要学的东西有很多，但这会导致我们过分强调语言行为的重要性。除了说话要清楚明白之外，几乎没什么值得强调的。语调与音高的变化源于一个人自然流露的兴趣和热情。如果刻意在镜子前练习，结果可能导致看起来过于刻意或做作——总之是不自然的。

保持自然不应该等同于声音的懈怠。我们在说话的过程中要按照肌肉习惯作出自然的表情。对于许多人来说，教育和文化教我们压抑在公开场合表露情感的欲望，这会导致我们的话语生硬且做作。如今的演讲者在公众场合落泪是不体面的，尽管丘吉尔曾不止一次地擦眼泪。但如果我们允许自己在声音和动作中表达目前的情绪（兴趣、好奇心、愤怒或激情），就会呈现出自然的状态。这些情绪应该为声音服务，而不是驾驭它。美国演员约瑟夫·杰斐逊（Joseph Jefferson）曾说过："我只有在内心炽热而头脑冷静时才会有最好的表现。"这一点适用于所有说话的人。

如果清晰度、简洁性和生动性决定了话语的质量，而真理、美丽和善良决定了话语的价值，那么简洁性就是数量维度的标准。本质上，简洁意味着言简意赅。在这个强调时间价值（正如美国开国元勋本杰明·富兰克林所说："时间就是金钱"）和时间管理的时代，长篇大论很容易导致同事、顾客或客户失去兴趣。

要在有限的时间内说清一件重要的事，你需要严格提炼想法。正如一句阿拉伯谚语所说，"在剪裁布料之前，先要测量七次。"拉丁语"concidere"的意思是"剪短"，是英语中"简洁"（concise）一词的由来。你在说话时必须舍弃所有冗余或修饰性词语。尽量用最少的话将意思表达清楚——一个多余的词都不能有。

任务清单：在实践中运用沟通的五个原则

	是	否
体育界有句话："你先赢了这场比赛再上场。"你认为它是否适用于说话？	□	□
你是否会在开会、接受采访或通电话之前花些时间思考自己要说什么？	□	□
是否有人指出你在过去一星期说的话或写的东西不够清楚？	□	□
你是否采取必要的方法保证思维清晰？	□	□
下面哪句话最能准确地描述你？		
"他/她能够化繁为简。"	□	□

（续表）

“他/她会把简单的事变得很复杂。”	□	□
作为演讲者，你是否充满热情、兴趣和活力？ （如果有人在过去一年中用下列词语形容过你或你的所作所为，请选择“否”：乏味、无聊、死气沉沉、缺乏创造力、单调、平淡无奇或毫无特点）	□	□
你在沟通过程中是否很难放松下来、真实地表达自己？	□	□
你是否擅长用简洁的语言说话、写信或做笔记？	□	□
你是否开始享受沟通的艺术？	□	□

本章要点：注重说话的效果

◉ 说话有多种不同的形式，包括正式的演说、演讲、致辞、授课、布道、说教以及演示，还有相对非正式的交流。有效沟通的五个原则适用于所有形式：它们掌管着通过沟通或说话表达思想的艺术或力量。通过运用这些原则，你将极大地提高沟通效果。

◉ 思维清晰会让沟通变得清楚透明。正如晴天没有云雾，清晰的思维不会造成困惑，因此容易让人理解。保持思维清晰与词句无关，而是一种内在的状态：它要求我们从根本上澄清头脑中的思维。

◉ 准备充分指的是在行动之前作积极的、有针对性的工作。相反，缺乏准备是指你没有对即将面临的情况进行思考，就像一支足球队在赛前从不训练，也没有任何计划。

◉ 内容简洁可以确保听众不会因为复杂或模棱两可的表达而迷茫。

但要避免过度简化，也不能居高临下地训导别人——哪怕对方只是孩子。

◉ 语言生动——活跃起来！演讲者要发自内心地产生兴趣和热情，并通过语言表达出来。

◉ 表达自然，或者换句话说，做好自己。你所表达的内容以及表达方式会反映出你的内在特质。良好的沟通在于通过人表达真理。

凡是可以说出来的，都应该清楚地表达。

——奥地利裔英国逻辑学家路德维希·维特根斯坦

（Ludwi Wittgenstein）

05

聆听的艺术

大法官：

“你听不见我对你说的话。”

福斯塔夫：

“很好，大人，很好；

不瞒您说，我患的是听而不闻的病。”

——威廉·莎士比亚（William Shakespeare），

《亨利四世》（*Henry IV*）

本章的目的是帮助你成为更好的听众。有人将“聆听”称为“被忽视的艺术”或“被遗忘的沟通技巧”。几年前，我想写一本关于聆听的书，我还记得当时一位出版商的反应。“聆听？不、不，那是妈妈们做的事。大家都知道聆听是个好事情，但它无法带来任何收益。我们公司的畅销书可以给读者和他们的业务带来明显而直接的利益。看看这些书名——都是实用的操作手册，而且都能带来利润。”

我猜自己一定听取了他的意见，因为我从未写过那本书。现在，我要运用“简洁”的原则，将关于有效聆听的技巧压缩到一章以内！

聆听的艺术

埃皮克提图（Epictetus）是公元1世纪在罗马为奴的希腊人，他最终获得了自由，并开始向受众讲解哲学知识。下面的引文出自《埃皮克提图金句》（*The Golden Sayings of Epictetus*）：

> “埃皮克提图，我常常跑来，渴望听您说话，而您从未给过我答案；现在如果可以，我恳求您，对我说说话吧。”
>
> “在你看来，”埃皮克提图回答道，“是否存在说话的艺术，如果运用适当的技巧，可以让听者受益？”
>
> “是的。”
>
> “那所有人都能受益，还是只有少数人？除了说话之外，还应有聆听的艺术……雕刻需要技巧：欣赏它也一样。”

将聆听形容为一种技巧似乎有些不妥：在我看来，这意味着它变成了一套可以通过学习掌握的技术。其中确实有一些技巧，但这并不重要。聆听指的是专注地听别人讲话。留意对方和他们说出的话：保持警觉，注意观察。如果你以为这听起来很简单，那么请记住一句土耳其谚语：“听比说更需要智慧。”

你如果想成为更好的聆听者，首先必须从根本上改变对待生活和他人的态度。这样做值得吗？或许我应该学习那位出版商，从收益开始说起。

认真聆听的好处

鲜有人掌握的聆听能力会给你带来什么好处？它如何提高你的生活质量呢？首先，我要介绍聆听的几点好处，给你一些动力。

聆听是一种主要的学习方式

发明家克莱夫·辛克莱爵士（Sir Clive Sinclair）曾说过："我们周围充满了创意。"但有必要补充一点：缺少的只是愿意聆听的耳朵，以及将这些创意推向市场的技能。我们要随时留心创意和新消息！

EFFECTIVE COMMUNICATION

名人速写：罗伊·汤姆森男爵

罗伊·汤姆森男爵的注意力相当集中。他可以通过认真研究几页财务报告看透一家企业（通常是他计划收购的企业）的核心。数字和统计数据是他了解企业业绩的主要标准——但绝非唯一标准。一位极有天赋的苏格兰会计师曾说，在遇到罗伊之前，他以为没有人可以比自己更快地计算出一列数字之和。此外，罗伊从不会遗忘事实和数据。他似乎比会计师更了解数字，就像他似乎比律师更了解法律一样……除此之外，他的口头表达能力和反应能力也很强。他并非典型的沉默寡言的大亨，对别人的话不作任何反应。所有与他交谈的人不仅能得到答案，还会听到他对当前话题的深度剖析，并感受到其恰到好处的幽默感。

同样，采访过他的所有人在挖掘信息方面都自叹不如。他的兴趣在于，对方可以为当前探讨的问题贡献自己的想法，或者为他打开新世界的大门。美国一位著名的女记者曾与他交谈了几个小时，后来她说："他的质朴可以让人卸下防备……我从未想到，他会像个孩子一

EFFECTIVE COMMUNICATION

样，对一切充满好奇。他会让别人把自己知道的都说出来，这实在令人赞叹。难怪他对一切都了如指掌。”

——摘自罗伊·汤姆森旗下《泰晤士报》编辑撰写的回忆文章

我们主要通过两个器官来接收信息：眼睛和耳朵。在阅读这些文字时，你正在使用第一个器官。

书籍、论文和屏幕（用来阅读的沟通形式）乍一看似乎在接收信息方面远远优于聆听。产生这种想法的原因包括：

◎ 聆听者同时可以有很多人，但你在读书时是独自一人。

◎ 你可以回头重新阅读前面的内容；但要让说话者重复自己的观点有时很难实现。

但是，通过聆听接收信息或想法有很多好处。例如，知识渊博的演讲者经常会言简意赅地选择重点内容来讲，让听众了解最本质的内容，而图书作者往往没这么精简。

大多数人在交谈时会从听众的反应中得到反馈，并相应地调整接下来的话。例如，如果听众感到困惑，那么说话者可以重复前面的话，或者换一种说法。作者和读者之间很难实现这种灵活性。

尽管我在前面说过，要让演讲者、讲师或广播员重复之前的话很难做到，但是在一对一谈话或会议中，你有现场提问的机会。读者很少有机会向作者提问；即使有，这个过程也很漫长。

最后，通过聆听，我们经常可以获得书面上没有的内容。作者可能没有足够的时间，或者缺乏将自己所知道的东西落实到纸面上的动力和技能。

“每个人都有强于我之处，”美国散文家和哲学家拉尔夫·沃尔多·爱默生（Ralph Waldo Emerson）写道，“我需要向他们学习。”你遇到的每个人都可以成为你的老师，只要你能找到他们的优点。他们不会收学费。即使是枯燥乏味的人也可以教你一些东西——耐心。

随身携带一本本子或几张纸，听到新的创意或消息随时记下来。这位伟大的思想家很清楚，创意很难遇到，而且容易遗忘，所以他会用笔和纸记下来。中国有句话说得好：“好记性不如烂笔头。”

通过聆听可以帮助他人

通过聆听获得他人的想法和信息对自己大有裨益。几乎每个人都掌握着对你有用或相关的信息；即使现在没有，那也只是时间问题。至于想法——尤其是新的或者开创性的想法，几百个贝壳里可能只有一小颗洁白光亮的珍珠，但是如果你不撬开贝壳，会找到它吗？

此外，聆听还可以成为帮助他人的一种手段。职业帮手（例如咨询师、医生、精神科医生和顾问）充分了解人们对于聆听的需求，特别是对生活感到有压力、焦虑或困惑，以及过渡的时期。

在这种情况下，我们可能需要信息或建议，但更多时候仅仅需要一个懂得聆听并愿意理解的人。在当今世界，人们越来越依赖专业人士，但是非指导性的聆听为朋友、同事或邻居提供了倾诉的场所。你不需要花费太多精力，但可以通过这种方式帮助更多人。

你可能会说，这种聆听很浪费时间。是的，没错。我不建议你在路过的每一个陌生人身上浪费时间。你可能是个乐善好施的人，也可能不是。请记住，与许多其他行为一样，聆听的质量比数量更重要。一些研究表明，如果你没有认真聆听某人提出的问题，他们会不断来重新询问。

因此，提高聆听能力实际上可以为你和对方节省时间。

永远不要低估聆听这个简单的行为带来的好处。正如澳大利亚心理学家埃尔顿·梅奥（Elton Mayo）所说：“一个朋友——一个真正愿意了解自己的人如果认真聆听我们的问题，可以改变我们的世界观。”

聆听会塑造优秀的听众

人与人之间的交流是互惠或对等的。得到与付出往往是平等的。如果你愿意聆听别人，别人就会听你说话；如果你愿意说话，别人也会对你滔滔不绝。

这个原则似乎与人际交往的互补性相悖。面对一个好的演讲者，别人的自然反应是认真听。这像是派对上轮流玩的游戏。如果你在别人说话时认真聆听，那么在你开口时，他们会表现出同样的专注。

在莎士比亚的《错误的喜剧》（*The Comedy of Errors*）中，以弗所的安提福勒斯说：“我要叫你以后听话留点儿神。”在构思本书时，我确实考虑过将本章放在上一章之前。对于某些人来说，这是本末倒置。口头表达能力处于管理能力的榜首，而聆听能力很少有人提及。但是仔细考虑一下，说话的人首先要有听众。可用商业进行类比：如果你无法获得和留住客户，生意就难以维持。因此从逻辑上看，在学会说之前，应该知道如何听。

获得听众的重要性怎么强调都不过分。例如，音乐家会告诉你，每晚的听众水平都不相同，好的听众会享受一场出色的表演。作为以公共演讲为主业的人，我可以凭经验证实这一点。英国伟大的议会演说家、前首相小威廉·皮特曾经说过：“口才体现在听众当中，而不是演讲者身上。”

这些就是提高聆听能力的好处。你要怎么做？看起来似乎不合理，但首先是找到自己以及他人身上的弱点。

“听而不闻”的弊端

人们经常将“聆听”和“听见”的概念相混淆。但是“我听见了你的话”与“我正在听你说话”是不同的。后者接收的不仅是声音，还有信息，证明我们以严谨和开放的态度接纳对方的观点。

莎士比亚在《亨利四世》中通过屡教不改的老流氓福斯塔夫与大法官之间的对话清楚地表明了这一点，详见本章开头。

很多人与福斯塔夫一样患有“听而不闻”的病。很多人不重视“听”，将它看作是等待说话的过程中做的事。“听而不闻”存在以下几种弊端。

选择性聆听

选择性聆听不应与认真聆听混淆，后者实际上是优秀聆听者的一个特征。选择性聆听意味着你会自动过滤掉某些话题。阿道夫·希特勒在这方面很有代表性：他只愿意听到好消息。那些给他带来坏消息或告诉他真相的人往往会遭到冷眼或侮辱。

选择性聆听的危险在于，它会变成一种习惯或下意识行为：我们完全不知道自己只想听某些人或有限范围内的消息，或者过滤掉了一些信息。但是朋友和同事对此很清楚。他们开始为我们提前过滤信息，省略重要的部分，留下来的也是半真半假。他们或许会在走廊里小声嘀咕：“你不能告诉他真相——他不想知道。”

思维就像是降落伞——只有完全打开才能充分发挥作用。

持续插话

持续插话是“听而不闻”的人最明显的标志。当然，插话在日常对话中是不可避免的，因为我们思考的速度快于对方说话的速度。听者通常可以准确地猜出一句话的结尾。但是，这种令人反感的插话要么是错的，要么更糟——他们还没有听完整，只猜出一半的意思，就突然打断对方来发表评论。他们往往忙于思考自己接下来要说什么，因此无暇注意别人的话。想好措辞后，哪怕不完全准确，他们也会脱口而出，然后开始琢磨下一点。

请记住，如果一条鱼学会了闭嘴，它便能幸免于难。

心不在焉

心不在焉可能是面对无法忍受的情形时的一种逃避，但也可能是“听而不闻”的表现。一个人很难同时思考两件事。心不在焉的人处于“离线”状态，将注意力转移到了大脑内部活动上。心中的思考掩盖了其他人说的话。糟糕的聆听者经常沉迷于自己的精神活动。他们的左耳内似乎总有人在窃窃私语：琼斯先生说了什么；那个假期我是否关掉了车灯；如果我当上领导，我会……各种情绪会将彩色图片投射到大脑中，并关闭外界的声音。此时我们要对聆听说再见了。

屈服于外部干扰

椅子不舒服、有噪音、太热或太冷、日光太晒或光线过暗：周围的环境可能会影响听众，导致他们无法将注意力集中在说话的人身上。好听的聆听者会设法应对这些干扰；而糟糕的聆听者会任由这些因素支配自己的思想、转移自己的注意力。聆听的质量越高，外部因素对沟通的干扰就越低。聆听有助于巩固或建立人际关系，消除瓦解这种关系的因素。糟糕的聆听者没有额外的精力来应对这种困境。

回避困难或技术性问题

我们都喜欢清晰、简洁、生动的演讲，没有耐心聆听艰深晦涩的长篇大论。我们对任何令人费解的东西容忍度都很低，对演讲者无法运用高效演讲的原则为我们节省时间和精力感到不耐烦。但是，问题不仅仅在于他们的演讲能力，还在于我们的聆听能力。如果向上的道路曲折坎坷，那么勇敢的听众就愿意努力跟随，而胆怯或懒惰的听众遇到第一个障碍时就会放弃。

挑剔演讲者的表达方式或辅助手段

在演示、授课或演讲等场合，“听而不闻”的一个表现是将注意力集中于演讲者的表达方式或视听辅助工具上。发音方式、口音或停顿、下意识的动作或举止，这些都有可能转移他们的注意力。视听辅助设备也可能出故障，让听众分心。如果演讲者的表达能力较差，并且视听辅助设备处于失控状态，这对听众来说是一种挑战，但这种情况也有助于区分“表面在听的人”与“认真聆听的人”。你现在准备好接受聆听能力的检验了吗？

任务清单：你是否成了优秀的聆听者？

	是	否
别人说话时，你是否会认真听？	□	□
宴会上，如果坐在一个陌生人旁边，你是否会积极寻找共同话题？	□	□
你是否相信，每个人身上都有值得你学习的地方？	□	□
你是否会将一个人的性格、声音或表达能力放在一边，认真理解他的意思？	□	□

（续表）

你是否对其他人、事或想法感到好奇？	□	□
你在别人说话时是否会以微笑或点头回应？你是否擅长眼神交流？	□	□
你是否清楚地了解自己的偏见、弱点和先入为主的想法，并且知道它们会影响你的聆听能力？你会不会加以克制？	□	□
面对不善于表达的人，你是否有耐心？	□	□
你是否以开放的思想接受其他人的观点？	□	□
你在努力理解演讲者的主要意思时，是否还会关注他们的情绪？	□	□
你是否常常思考、回顾或解读对方说的话，确保自己准确理解了他的意思？	□	□

聆听的技巧

“人天生有两只眼睛和两只耳朵，但只有一条舌头，”著名信笺作家塞维涅侯爵（Marquise de Sevigine）写道，“意味着我们看和听的数量应该是说的两倍。”我在下一页的表格中总结了高效聆听者的五项技能，帮助你提高聆听能力，将被动化为主动，解决所有弊端。你应该在实践中运用或辨认出所有技能；与其说要从零开始学习，不如说是扩大和深化知识范围。

所有聆听都涉及一定的评估。即使上级对你发出指令，你也有一定的时间来决定是否要服从。如果存在道德风险，你可以选择违背。假设你是一名士兵，上级或许会命令你射击一名手无寸铁的囚犯，但你应该拒绝。这种情况不太可能出现，但所有聆听者都要作出评估和回应。了解别人的意思后，你需要评估其真实性。你同意与否可能会影响你的应对方式。积极聆听是一项艰巨的脑力劳动。做好以下几点：

提问

丹麦有一句谚语："怕问者耻于学。"你不仅要通过提问寻求信息，还要进行反思，例如：

"我是否可以这样说……""你如何用一到两句话进行总结？"

聆听的技巧	
有聆听的意愿	聆听的意愿是最重要的。在大多数环境中，聆听者还要保持开放的思想，采取不同的思考和行为方式
听取信息	听清对方的话，不能添加也不能遗漏，这也是很重要的技巧。在听的过程中可能会产生问题——不在于你是否同意对方的观点，而是你听清楚了吗？
解读信息	这里指的是说话者传达的信息。信息本身可能是清晰、易理解的。你的考验在于是否能用自己的话准确复述
认真评估	有时你需要保留意见，利用得到的信息或想法展开创造性思考。但是在某个阶段，你需要评估所听内容的价值。它是真的吗？有用吗？
妥善回应	交流是双向的，聆听者要作出回应——可以是掌声，甚至可以是沉默。沉默也可以是一种回应，说话者会有自己的解读。你要确保自己作出了妥善的回应

权衡证据

如果有人断定某些东西一定是真的，你需要进行验证。有些断言的真实性不言而喻，但对于其他内容，理性的人或许会寻找证据。目前有哪些现成的证据？它们是否不容置疑？

检验自己的假设

我们常常有意识或无意识地作出假设。很少有人在思考时不作假设，但是无意识的假设容易导致我们误解对方的意思。急于下结论（想当然地以为自己知道对方将要说什么或者做什么）是无意识假设的一种形式。你能想到其他的吗？

你或许在想，当你专注于聆听时，如何找出时间进行必要的创造性思考？当然，优秀的演讲者会为听众提供很大的便利，还可以通过降低语速等方法给予对方充分思考的时间和空间。

EFFECTIVE COMMUNICATION

充分利用思考的速度

大多数人的语速是每分钟125个单词。大量证据表明，如果以每分钟的单词量来计算，那么大多数人的思考速度可以轻松达到语速的四倍。

优秀的聆听者会利用自己的思考速度来取得优势；他们善于将富余的思考时间用于听对方的话。在明确的思维模式下，这样做并不难。要建立这种模式，我们应该：

◎ 猜测对方接下来要说什么。

◎ 在脑中总结对方说过的话。他提出了哪几个观点？

◎ 在脑中检验和权衡对方提供的证据。问问自己：我是否对情况有全面的了解？或者对方只提供了能证明他的观点的信息？

EFFECTIVE COMMUNICATION

◎ 思考背后的意思——说话者并不一定将所有重要的东西都讲出来。他的音调和音量的变化或许都有其意义。面部表情、手势、身体的动作也值得注意。

不能充分利用思考的速度将成为聆听最大的障碍；但是通过一定的训练，它可以变成我们最大的财富。

——拉尔夫·G.尼科尔斯（Ralph G. Nichols）

听众应该通过语言和非语言的反馈（偶尔说句话、点头或微笑）让说话者知道对方收到并理解了自己的意思。优秀的聆听者会提供此类反馈，让沟通更顺畅。但是，双向沟通的最终考验通常超出了最基本的回应范畴（也就是积极或消极的反馈），而存在于行动领域：人们在沟通后采取的实际行动，而非回应方式。请记住，回应和结果之间存在很大区别，如以下案例研究所示：

迈克尔·休伊特热情地点点头。“是的，我明白您的意思了：提交结果不能太迟，否则会让客户不满意。我不会再犯这种错误了。”会计师事务所高级合伙人马克·威尔逊对休伊特的年度绩效评估感到满意。“至少这个问题已经解决了，”他喃喃自语，“他这次承认错误了。”真是这样吗？他仍然在截止日期后拖延了很久才提交工作。威尔逊团队的另一名成员海伦则完全不同。在考核面谈中，对于准时性问题的负面评价，海伦难以接受，甚至走出了办公室以示不满。但令人惊讶的是，她的准时率在接下来的三周里一定会有所提高。迈克尔和海伦——谁真正理解了上级的意思？

优秀的聆听能力

聆听与所有艺术形式一样都有提升的空间，但是很难从令人满意的状态提升到良好的状态，从良好发展为优秀就更难了。只有拥有特殊天赋、从事特殊职业的人才具备出色的聆听能力。我们都可以成为优秀的聆听者和沟通者。

苏格兰讽刺作家托马斯·卡莱尔（Thomas Carlyle）曾说过："在思维洞察一切之前，我们早已心知肚明。"优秀的聆听者必须读懂"字里行间的意思"，能够观察和解读所有相关的非语言行为。我们在第一章讲述"沟通的本质"时介绍过非语言行为的主要类别，但在这里有必要作出进一步的解释。

非语言信号或肢体语言是通过说话者的眼神、动作、手势、语气或面部表情等途径传达的信息，通常是下意识的。你要通过眼睛和耳朵来接收这些信息。你可以让潜意识或深层思维像计算机一样运转，处理通过感官接受的所有信息。我们由此可以获得所谓的"直觉"，也就是更深层次的理解。

直觉是在没有足够证据的前提下确定某种状态存在的一种方式。深层思维整合了大量数据（其中有些数据是通过感官下意识地接收的）并形成了一种直觉，这种直觉会突然或逐渐浮现在表层意识中。

对于直觉，最重要的是让它尽早接受检验。直觉必须从大量信息或长期的经验积累中获得，并经过分析，这样它的准确性才有保障。早期的直觉往往只是草率的结论。潜意识里的恐惧和焦虑会成为它的来源。

EFFECTIVE COMMUNICATION

通过聆听产生共情

如果会议……的目的在于交流思想，我们更要关注聆听的习惯……生活在以竞争为特点的文化中，很多人大部分时间都在关心如何表达自己的观点，并认为其他人乏味的演讲只能扰乱自己的思维。我在这里有必要强调，聆听并不是表面上礼貌地保持沉默，脑中却在构思接下来轮到你发言时如何表达；它也不是挑出别人的错误，等待后面一一反驳。聆听是指站在说话者的角度看待问题——不是同情（体会对方的感受），而是共情（与对方一道体验）。聆听需要积极而富有想象力地站在对方的处境，尝试理解一套完全不同的观念。这并不容易。

——塞缪尔·早川（S. I. Hayakawa），
《语言学的邀请》（*Languang in Thought and Action* ）

除了洞察力，优秀的聆听者还会持续展现出其他特质：敏感、同理心、耐心、幽默感、好奇心、智慧、创造力以及耐力。他们有着广泛的兴趣，尤其是对于人。他们在聆听时可能严谨认真，但从未表现出来。艺术的本质在于表面上保持自然。

最后，我要引用我的女儿凯特在10岁时背给我的一首小诗。从那以后，它一直记录在我的标有“聆听”的文件夹中。这或许对我们是个提醒！

一只睿智的老猫头鹰站在树上，
听到的越多，说得越少；
说得越少，听到的越多。
我们为什么不向这只睿智的鸟儿学习呢？

本章要点：聆听的艺术

◉“聆听”与“听见”是两个不同的概念。前者是一种主动行为，即在别人说话时给予认真的关注。

◉ 认真聆听不仅会获得对自己有用的信息，还可以给对方带来好处，同时让他们更加愿意听你说话。

◉ 加纳有一句谚语：“没有人是无知的，除非他不爱提问。”

◉ 自我提升的第一步是认清糟糕的聆听习惯。“听而不闻”的弊端包括非理性的选择、令人反感的插话、心不在焉、思维惰性、屈服于外部干扰和过于关注说话者的声音或举止。

◉ 在聆听的过程中，做好准备是最重要的。接下来，你要听清对方的话，然后进行筛选和解读。随后要对听到的内容进行评估。你要主动提供反馈，让说话者知道你搜到并理解了他传递的信息。至于这些信息对你是否有利，那就是另一回事了。

◉ 聆听要求你全神贯注。因此，培养出色的聆听能力是一项有趣的挑战。并非所有人都能成为优秀的演讲者，但是我们可以掌握出色的聆听能力。

当权者如果不认真听，就会缺乏治理的头脑。

——丹麦谚语

06

熟练掌握写作技巧

我追求的是极致的可读性，即清晰、优雅与个性的组合，它有一种魔力，很多作家毕生难求。读者会愿意听你说话。

——英国小说家、诗人A. C. 本森（A. C. Benson）

在大多数情况下，最好的沟通方式是口头交流（最好是面对面交流）并以书面文字辅助。说出来，然后以书面形式确认。除会议或电话沟通的文字记录外，撰写其他信函和备忘录需要专业技能，因为它们承载着重要的沟通任务。所以，我们要培养通过书面实现沟通的艺术——简单来说就是写作。

你不能想当然地认为，擅长演讲的人一定是优秀的作家，反之亦然；口头表达能力和写作能力息息相关，但又截然不同。你如果读过演讲的文字稿，就会发现需要进行大幅修改才能提高它的可读性，虽然它听起来很流畅。同样，著名作家开口说话时经常令人失望。

将文字记录在纸面上有两点好处。首先，它可以实现远距离交流，例如写信。当然，你可以派信使传递口头信息，但这样做不仅代价高昂，而且相当不可靠（可参考第三章案例“轻骑兵的冲锋”），口头信息在传递过程中也会失真。我最喜欢的一个真实故事与第二次世界大战期间意大利的战俘营有关：“德国人在希腊”的消息经过口口相传变成“口粮要增加了”。

其次，文字记录有助于保存知识。在此之前，保留或传递信息和观点的唯一方式是记忆。诗歌和故事（神话、传说、寓言）之所以能流传下来，是因为它们很容易被人们记住。新的书写技术让这种传统方法逐渐过时，正如袖珍计算器的发明让人不需要将乘法表背下来一样。

但这个过程并非一蹴而就。在古英语中，“writan”的意思是“划，或刻”。书写（write）行为最早是指人类在岩石、干皮和黏土片上刻画或切割。在此基础上逐渐实现了字母的演变、纸张的出现和印刷机的发明。据我们所知，教育实际上是从教孩子（至少是富裕家庭的孩子）读写开始的。这些孩子与不识字的同龄人相比享有很大的竞争优势。即使在今天，读写能力仍是正规教育的重要内容，也是大多数人的基础能力。

写作能力的培养并不容易，但你一定要具备这项基本技能。你可以拿起笔从本书中随意摘抄一两句话。毫无疑问，你会给亲朋好友写信或发邮件；也可以用笔将信息记录下来。本章有一个前提：写作是读者日常工作的一部分，你们会直接或间接从中获得报酬（例如我）。当然，你不必成为“作家”，但在工作中也要写信、电子邮件、备忘录、报告，甚至要编写代码和脚本，或者备课或写文章。

书面沟通是所有管理者的重要职责。大多数人都会给客户、地方政府或公共机构写信或发邮件。作为一种亲朋好友间的社交活动，写作的艺术或许被电话等新兴联络方式所扼杀，但商业活动中的信函往来仍然频繁。电子邮件的出现尤其加快了信件或备忘录的交流效率。

信件是直接或私人的手写、打字或印刷沟通方式，对象是个人或组织，通常通过邮递服务或专人发送。备忘录（“memorandum”来自拉丁语动词“memor”，意思是“使……想起”）是用于辅助记忆、记录特定事件或观察结果的笔记，供以后参考。企业或组织中的备忘录有专门的抬头纸，通常不需要签名，但有发送人的姓名缩写。

尽管印刷和传输技术有所进步，但撰写有效的信件或备忘录却仍然要回归到个人的写作能力上。你可能不是专业作家，但无论你从事什么行业，写信或撰写备忘录都是工作的一项内容。本章的目的是帮助你熟练掌握写作技巧，以满足工作需要。

写作有三个要素：

◎ 结构与格式。
◎ 内容。
◎ 风格和语气。

大多数人在学校里都学过如何构思信函的结构。在工作中，你也会学习如何撰写报告，但或许这并不容易，尤其是一些老师自己都不会写报告（我指的不是期末报告，虽然重温这些技能也没坏处）。通常情况下，初学者往往高估结构和格式的重要性。一般来说，如果你的思维清晰、表达能力强，那么写作对你来说将易如反掌。固定格式也很重要，但是它容易学习，而且绝非写作的重点。

相比之下，内容才是写作的全部意义。显然，无论是我还是其他教科书都无法针对内容提供建议。我可以帮助你做菜，但原材料应该由你自己准备。然而，书面内容是否能起到沟通效果，取决于它在真理的市场中是否能展露出内在优势或价值。

从理论上讲，形式与内容（即结构和格式，以及风格和语气）可以分开，但实际上很难做到。因此，风格和语气并非可有可无，它们是有效沟通的关键因素。在大多数情况下，“媒介属于信息的一部分”。

风格的奥秘

强调了说话和写作的差别后，下面我们换一个角度。写作时，你要想象自己与读者在面对面交谈。如果你在写情书，进入情境就比较容易；但是如果你不认识对方，这样写就很难。不过也是可以实现的。

你可以将写作看作是说话的一个分支，而不是一门独立的学科，因而可以将有效说话的五大原则——思维清晰、准备充分、内容简洁、语言生动、表达自然运用到这里（见第四章）。这些原则并非我杜撰，而是由英语写作技巧长期发展而来的。例如，早在17世纪，皇家学会的第一位历史学家托马斯•斯普拉特（Thomas Sprat）就曾提到，该学会排斥当代写作中“风格的扩张、偏离和膨胀”，而提倡“亲密、自然而直白的说话方式”。

EFFECTIVE COMMUNICATION

保持简洁

所有希望成为优秀作家的人都应该努力保持直率、简洁、有活力、头脑清晰，避免太过花哨。

具体来说，在词语的选择上应遵循以下几点规则：

◎ 选择熟悉的词语，避免陌生的词语。

◎ 选择具体的词语，避免抽象的词语。

◎ 选择直白的词语，避免拐弯抹角。

◎ 选择简短的词语，避免长的词。

◎ 选择现代语，避免古语。

以上规则按照重要性排列，最后一点的重要性最低。

——福勒兄弟（H. W. and F. G. Fowler），

《国王的英语》（*The King's English*）

当然，仅仅使用简短或具体的词语并不能解决问题。清晰和简洁的原则必须首先在思维层面上发挥作用，然后才能产生“亲密、自然而直白”的语言。保持简洁没有捷径，因为这是一种智力上的能力。下文摘自《财富》杂志一篇关于“商业语言”的文章，强调了简洁的必要性：

> 简洁是一个难以捉摸的复杂之物。它来自思维的约束和组织，智力上的勇气，以及其他许多比使用短词和短句本身更难得的品质。开诚布公的谈话是简洁性的结果，而非它的手段。这种区别看似微不足道，但却非常重要。

保持语言简洁的前提是遵守第一个原则——思维清晰。所有交流（就像与素描或绘画一样）都要求我们有所省略。为确保准确（陈述所有相关事实、定义相关概念、遵循逻辑步骤），我们有时为了保留某些内容需要牺牲简洁性。过度简化或内容残缺难免需要通过进一步沟通来澄清，因此毫无意义。

有效说话的五项原则（即有效沟通的五项原则）不应被割裂：它们在任何情境中都应该相互制约，共同发挥作用。举个例子，“准备充分”应该包括熟练掌握书面语言，如“选择主动语态，避免被动语态”，并接受常用的拼写和标点习惯。同时，你还要通过“表达自然”的原则来约束它。优秀的作家像古代最出色的战士一样，接受过严格的学科训练，同时也会展露其凶恶的本性。

EFFECTIVE COMMUNICATION

有效的组合

擅长各种语言风格的人一定像亚里士多德所要求的那样，像平民百姓一样说话，像智者一样思考；每个人都能理解他，智者也会赞美他。

——作家、女王伊丽莎白一世导师罗杰·阿谢姆（Roger Ascham）

在忙碌的当今社会，简洁的原则尤其重要。作为管理者，你所交易的商品是金钱和时间。长篇大论的信函或备忘录会耗费大量成本，包括文书的工资和邮寄费用。因此，简洁性对于撰写商业信函的人来说至关重要。你没有时间翻阅大量文件。任何作者（甚至包括信函作者）都要占用读者宝贵的时间，浪费时间就是浪费生命。因此，管理者首先必须确保用词的准确性和简洁性，吸引读者或听众的注意力。

在企业环境里，信函、报告和电子邮件是书面沟通的主要方式。在下文中，我将介绍如何运用有效沟通的五项原则（思维清晰、准备充分、内容简洁、语言生动、表达自然），帮助你提高书面沟通的效率。

如何撰写规范的商业信函

你可以先在脑中构思出信函的内容，然后在纸上或使用电子文档草拟一份初稿。写作的黄金法则是先写在纸上或投放到屏幕上，然后慢慢修改。

如果可能的话，我建议你暂时先将草稿放下，将头脑放空一段时间后，用清晰客观的思维重新阅读。你可能会迅速找到需要修改的地方。下面的表格内容可以提供一些帮助。

别忘了认真检查和修改终稿，然后选择合适的问候语和签名格式。确保所有附件已添加，并保存了副本。

修改信函的步骤：修改初稿	
关键领域	内　容
目　标	信函的目标或传达的信息必须清楚。必要的话，你还要写明希望对方如何回复
顺　序	你或许要根据开头、中间和结尾的顺序调整观点或段落
风　格	检查段落和句子的长度，大声读一遍信函的内容。将重复的内容删掉，避免出现生僻词
词语的选择	删除晦涩的词语和口头禅，以及冗余的修饰语，如“大体上”“总体来说”或“如果其他条件不变”等
语　气	检查信函的语气。可读性强吗？该语气是否反映出你的感受？如有必要可进行调整
语法和拼写	最后，检查语法和标点符号，避免拼写错误。错别字不影响理解，但会导致读者分心。可使用电脑中的拼写和语法检查工具，或参考最新的词典
格　式	信函格式看起来怎么样？看着顺眼吗？你可以使用现成的模板，或通过文字处理工具提高信函的专业性

语气的重要性

我们不应该被商务信函的惯用格式所限；也不能为了读者没有疑问

而墨守成规。但是我强调过，简洁是最重要的。信函的语气必须反映你的真实感受，这一点不能忽视。《牛津英语词典》将“语气”定义为“声音的某种质量、音调、变调或抑扬变化，表达肯定、问询、犹豫、决定或某种情感”。如果商务信函的语气较为礼貌，效果就会更好。千万要避免影响语气的负面情绪，如下面表格所示：

你或许认为有必要在信中向某人表达愤怒之情。但还有更明智的方法来表达或排解愤怒，例如健身或在花园里刨土，至少还能增强体质。当你冷静下来并开始写信时，也别忘了你想表达的意思。

客套（有礼貌或表示尊敬的语言和行为）并非可有可无；它是风格的核心，表明你至少重视对方的阅读兴趣。康沃尔作家和文学评论家亚瑟·奎勒–库奇爵士（Sir Arthur Quiller-Couch）在《写作的艺术》（*On the Art of Writing*）中指出了这一点：

> 本质上，风格与良好的举止相似，即努力理解别人，为别人着想，也就是用头脑思考的同时也用心思考……所以（如费奈隆所说）……“你的话会越来越少，并且越来越精辟，此时你所做的一切将带来更大的收益。”

负面的语气	
简　略	过度简化，体现出对读者的漠不关心
讽　刺	大多数人不喜欢听到这种自作聪明、故意说反话的嘲讽语气
发牢骚	即抱怨，如“你本来可以做得更好”
愤　怒	即便是轻声细语表达出来的愤怒，得到的回应也是愤怒

（续表）

负面的语气	
怀　疑	怀疑的对象往往是对方的动机
侮　辱	很少有人故意侮辱对方，但下意识的侮辱并不罕见——尤其是对求知者的回复
指　责	指责别人时很难彬彬有礼
贬　低	“在我们这样大的公司里……”颐指气使的语气会让人不舒服；如要指导别人，要注意缓和语气
自以为是	不要在别人下定决心之前想当然地以为他们会做某事，甚至写在信函中，这会冒犯到对方。自信与自以为是之间的界限很模糊

但是，与表面上的殷勤相反，良好的举止是什么？客套是热忱与得体相结合的结果：热忱是指对读者的热情和友善；得体是指在选择词汇上的敏感与谨慎。

案例研究：林肯写给胡克与格兰特的信

沟通的一个难点在于向一个人表示认可的同时反对他的某些言行。美国前总统亚伯拉罕·林肯非常擅长直接和简单的沟通，他在给“善战的乔”·胡克（‘Fighting Joe’ Hooker）写的信中表现出了面对和克服这一问题的能力。

林肯下了很大功夫寻找一名合适的将领，期待可以打败罗伯特·E.

李（Robert E. Lee）和“石墙”·杰克逊（‘Stonewall’ Jackson）等人率领的同盟军。至1863年，联邦军第一任总司令温菲尔德·斯科特将军以及东部战区的麦克莱伦将军和伯恩赛德将军都已退休或被总统辞掉。

虽然胡克在私下交流中的态度漫不经心且毫不客气，但他的骁勇善战得到了林肯的赞赏。至1863年下半年，林肯逐渐发现胡克并不是自己要找的人，但胡克在信中凸显了自己的优点、规避了缺点，并表达了自己为了共同事业改掉缺点的决心，因此在总统看来是非常合适的人选。总统在信中写道：

胡克少将：

我委任你为波托马克军司令。当然，我有充分的理由，但是你最好也清楚，在有些事情上我对你并不太满意。我相信你不会将政治与职业相混淆。在职业领域，你是正确的。你很自信，这是一个珍贵的品质，虽然并非不可或缺。你有着雄心壮志，如果保持在合理的范围内，它是好事。但是我认为，在伯恩赛德将军指挥期间，你坚持自己的雄心，并且极力阻挠他。你这样做，无论是对国家，还是对一位优秀可敬的将领，都犯了巨大的错误。我听到你最近说，无论军队还是政府都需要一个独裁者。我相信这种传言是真的。当然，我将权力交给你，并不是因为这件事。只有那些建功立业的将军才能成为独裁者。现在，我希望你在军事行动中取得成功，为此我愿意承担独裁的风险。政府将全力支持你，对于所有将领，政府都一视同仁。你对司令官横加指责，心存疑虑，我担心你助长的这种风气将会毁了你。我将尽我所能地帮助你压倒这种风气。如果任其发展，别说是你，就是拿破仑再世，也无能为力。

现在，你要戒骄戒躁。戒骄戒躁，也要勇往直前，去争取胜利。

你真诚的朋友，

亚伯拉罕·林肯

华盛顿总统官邸，1863年1月26日

至1864年，林肯在尤利西斯·格兰特（Ulysses Grant）将军身上找到了自己看重的品质。总统再次展示了沟通上的精湛技巧，恰到好处地表达出谨慎、鼓励和判断力，同时毫不影响他的行政指挥能力。这封信与前面那封一样，体现了简洁和清晰的原则。

格兰特中将：

我想在春季战役开始之前可能没机会再见到你了，所以希望以此方式告诉你，我对你目前为止所做的一切感到满意。我不知道你的详细计划，也不想知道。你是一个警觉且独立的人；对此我很满意，并且不希望对你造成任何约束。尽管我不想造成任何重大灾难，或让我们的人大量被俘，但我知道你比我更重视这些。如果需要我在力所能及的范围内提供任何帮助，请务必让我知道。

请带着勇敢的军队和正义的目标出发吧！上帝与你同在。

你真诚的朋友，

亚伯拉罕·林肯

华盛顿总统官邸，1864年4月30日

撰写有效的报告

说完了信函，现在我们来看报告。我们首先要明确，报告应该是独立的，还是用作口头交流（例如谈话、演讲或简报）的辅助手段。后者可以采取向小型管理团队提交报告草案的形式，并在下一次会议上对报告的大纲和修改进行解读。这种报告类似于辅助备忘录。如果情况允许，最好将口头汇报和报告结合起来，尤其是如果最终目标为采取行动。

报告的开头应该用一段概述介绍必要的背景、明确报告的目标。目标可以在标题中体现。报告的格式类似于一本精简版的书，应包含作者姓名和编写日期。正文部分包括证据、信息、问题和讨论，应清楚、简洁地排列，用章节标题、主标题和次标题，以及带编号的段落明确标示。结论部分要让读者明确看到作者的结论和建议。

要在适当的时候提出关键假设，针对晦涩的词语或术语给出定义。插图与演讲者使用的视觉辅助手段一样一目了然，但复杂的辅助数据应作为附录放在最后。对于风格的要求与信函或任何其他公文形式相同。最重要的是，报告应当用最少的语言将意思说清楚，尤其是在书面报告与口头演示相结合时。

EFFECTIVE COMMUNICATION

简洁性

我们在工作中都会读到大量文件。几乎所有文件都过于冗长。我们在其中寻找要点时既浪费时间，也消耗精力。

我会要求同事及其员工将报告精简。

◎ 报告应该用多个简短精炼的段落将要点凸显出来。

◎ 如果需要对某些复杂要素或数据进行详细分析，这些内容应归

EFFECTIVE COMMUNICATION

到附件中。

◎ 一般来说，不需要提交整份报告；只需提交一份包含各级标题的大纲就够了，必要时可以口头解释。

◎ 避免使用下面这种说法：“我们有必要牢记以下事项……或考虑实施……的可能性……”这些话大多无实质意义，可完全删除，或用一两个词来代替。不要排斥简短的说法，哪怕有些口语化。

与官方报告中规范的语言相比，我所建议的方法起初可能看起来有些粗糙，但是会节省大量时间，而且简明扼要地阐明要点也有助于更加清晰地思考。

——英国前首相温斯顿·丘吉尔

与其他官员相比，丘吉尔有着巨大的优势，因为他曾长期担任作家和新闻记者。作为作家和演说家，他多年沉浸在英语语言的世界中。但是，我们从后来出版的六卷巨制《第二次世界大战回忆录》（*The Second World War*）中可以看到，他的信件和备忘录清晰规范，说明他始终坚持思想高于语言的原则，正如他的演讲始终传达着胜利的语气，还没有孩子般的含混不清。

对于重视或掌握了“沟通星形图”和“沟通五大原则”的管理者来说，撰写报告应该很容易。当然，要满足丘吉尔对简洁性的要求，管理者需要付出更大努力、掌握更高水平的技能。冗长而复杂的报告不需要耗费太多精力。读起来越轻松，写起来就越难。

有些人可能会说，厚厚的一沓纸、优美的文笔和看起来复杂的图表会让人觉得这份报告非常重要。实际上，通用汽车公司总裁兼董事长阿尔伯特•斯隆（Albert Sloan）的报告（可称得上是有史以来最具影响力的管理报告）并不冗长或花哨。这份报告的优点在于准确找到了组织规模带来的问题，并提出了实际解决方案。作者在报告中用精练的语言明确表达了自己的想法，并且给读者留出了讨论的空间。这就是一份好的报告。

书面语言的要求和习惯与口语不同，但是你要努力与读者交流，仿佛他们就站在面前。尝试将你写的东西大声朗读出来，看看是否符合自己的语言习惯。请记住，你的目标不是确保语言华丽，受众也并非专业人士。你要争取让读者明白你的意思，而笔在你自己手上——仅此而已。“无论你用哪种语言，”美国小说家、诗人和哲学家爱默生写道，“都只能表达真实的自己。”

任务清单：你的报告是否规范？

	是	否
结构与格式		
标题页是否完整规范？	☐	☐
报告格式是否清晰易读？	☐	☐
报告的结构中是否缺少必要部分？	☐	☐
主体结构的顺序是否与内容相符？	☐	☐
标题是否引人注目？	☐	☐
段落编号是否统一？	☐	☐
附件是否清晰有用？	☐	☐

（续表）

内容		
摘要是否概括了报告要点且表述清楚？	□	□
概述部分是否明确介绍	□	□
	勾选以下内容	
报告主题和目标？		
调查日期？		
作者？		
目标受众？		
报告范围？		
报告正文是否包含必要的事实，并省去了所有不必要的信息？	□	□
报告正文的顺序是否正确？	□	□
问题是否介绍清楚？	□	□
细节是否与主题不符？	□	□
事实来源是否清楚？	□	□
结论部分在逻辑上是否与事实及相关分析相符？	□	□
报告是否毫无理由地否定了可行的解决方案？	□	□
报告中使用的术语、缩略语和符号是否准确且前后一致？	□	□
报告中是否存在模棱两可的表述？	□	□

（续表）

报告中引用的事实、数据和计算是否准确？	☐	☐
总体情况		
报告是否具有客观性？	☐	☐
报告给出的建议是否有值得批评之处？	☐	☐
报告是否高效且有条理，能给人留下好的印象？	☐	☐
非技术人员能否看懂报告内容？	☐	☐
报告内容是否会让别人感觉受到了冒犯？	☐	☐
报告是否积极且有建设性？	☐	☐
报告是否明确指出应由谁来作哪些决策？	☐	☐

本章要点：熟练掌握写作技巧

◉ 清晰的写作始于头脑。歌德曾写道：“要想展现出明确的写作风格，首先要保持头脑清晰。”

◉ 写作包含三个要素：结构和格式、内容以及风格。

◉ 这三个要素可以独立分析，但必须共同发挥作用。结构和格式很容易掌握。内容最关键之处在于真实性，真理是最好的沟通者。但要提升风格，确实需要付出一些努力。

◉ 你可以将写作（信函、备忘录、报告和电子邮件）看作是与别人进行纸上交谈，这样便可以运用有效沟通的五大原则——思维清晰、准备充分、内容简洁、语言生动、表达自然。

◉ 写作与所有沟通形式一样，前期规划越详细，效果就越好。将你想要表达的观点写下来，按照重要性排序；先写一份草稿，然后不断进行调整。

◉ 你在讲话时，音调可以决定内容的重要性。写作中也有语气，但较难把握。话语中的音调或高低起伏可以反映出你的内在情绪和感觉。将文字大声读出来，确保它能表达出心中的感受。

◉ 简洁性在商务写作或有目的的写作中尤其重要。“我认为”比“在我看来，我们不妨这样假设”要好得多。萧伯纳在给朋友的信中说：“很抱歉这封信这么长，但我来不及精简了。”

◉ 本章内容听起来似乎很简单，但请记住，清晰、简洁和简单易懂是写作的高要求。掌握书面沟通的技巧需要花费大量精力——这难道不值得吗？当然，你也会乐在其中。

人们以为我可以教他们写作风格。这有何难？找到一个话题，然后尽量清楚地表达出来，这便是唯一的奥秘。

——英国诗人、文学评论家马修·阿诺德（Matthew Arnold）

07

有目的地阅读

读书使人渊博，交谈使人机敏，写作使人严谨。

——英国哲学家、作家弗朗西斯·培根（Francis Bacon）

美国作家爱默生说：“好的读者可以产生一本好书。”但如何界定好的读者？阅读是沟通的第四项核心技能。它或许比聆听更容易被忽视。在有关沟通的作品中，关于阅读的内容非常少。

一个问题在于，英语中对于书面语没有“聆听”或“听见”的区分，所以“阅读”一词涵盖了一切。阅读可以仅仅是吸收或理解纸上或屏幕上的内容。但良好的阅读相当于主动聆听，即用充足的时间认真关注阅读内容，并探索其中隐含的所有可能性。

EFFECTIVE COMMUNICATION

会说话的书

它指的不是一沓无生命的纸，而是摆在书架上的鲜活的思想。每本书都在传达自己独特的声音，就像轻点开关就能让音乐传遍整个房间一样，只要调好频率，我们就能收到来自一个遥远时空的声音，听他讲话，与他进行心与心的交流。

——苏格兰古典文学家、美国人文学教师吉尔伯特·哈艾特（Gilbert Highet）

写作水平较低的作者很难给读者呈现简单易读的作品。他们的书中往往存在以下问题：

◎ 结构不合理。
◎ 格式不吸引人。
◎ 语言晦涩乏味。
◎ 篇幅过长。
◎ 缺少例证或图示。
◎ 图表不清晰。
◎ 思维过程过于仓促或隐晦。
◎ 信息量过多。
◎ 信息量过少。
◎ 语气让人难以接受。

优秀的读者与优秀的聆听者一样，不会完全被这种表面现象所困扰，尤其是当他感觉到金子就藏在其中时。你可能会像淘金者一样挖到一些金沙甚至金块，事后检验才发现根本不是真金。

你有哪些阅读需求

我们先思考一个问题：阅读在工作中能起到什么作用？在我看来，阅读对你们来说是一种休闲娱乐方式，因为你们不会为了克服上面给出的障碍而苦苦挣扎。有些小说家或作者知道如何吸引读者的注意力，让你迫不及待地想翻到下一页，了解后面的情节。这是他们的本事。

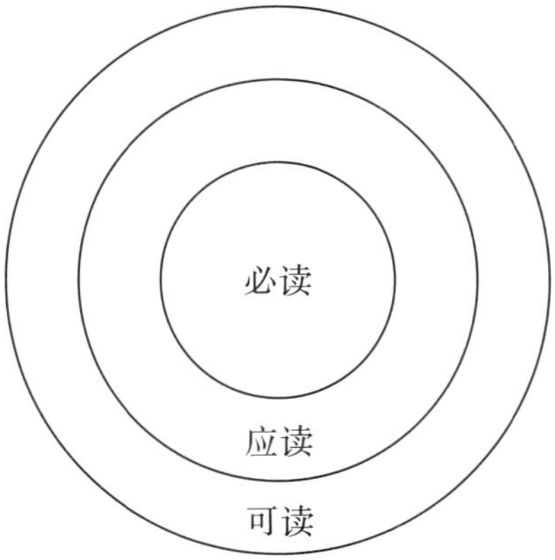

阅读重点示意图

为了明确自己的阅读需求，你首先要了解工作的核心内容——你靠什么赚钱？你必须读什么？应该读什么？可能会读什么？例如，神经病学顾问必须阅读某些专业期刊以跟上形势；应该阅读相关领域的最新进展，例如长期脊柱损伤患者的护理；可能阅读的领域有很多，或许包括欧美国家医疗领域的最新发展成果。

你的阅读清单会有几分相似。每天你的办公桌上都会出现必须阅读的信件、提案、报告和备忘录，以及你应该阅读和可能阅读的材料。

再看看你的工作。可以说，公司给你薪水，不仅为了让你完成工作，还要求你提高工作质量。你的阅读需求是否反映出了第二层面？你在过去6个月阅读的材料中，有哪些可以帮助你完善现有工作，而不仅仅是完成它？

还有第三个层面。简而言之，任何组织都无法保证让你终身任职。我们的工作合同都是有期限的。完成当前的工作后，你还要为未来的工作做准备，虽然你现在还不知道是什么。换句话说，无论是否得到组织或雇主的帮助，你都应该提升自己的能力。书籍中蕴藏大量信息和观点，读书是教育或自我提升的重要途径。

如果你认同上面的说法并相应地扩大阅读量，就会面临两个问题：时间不够，以及要读的东西太多。这两个问题似乎很棘手，因为时间是有限的，没办法增加；也没有人能阻止大量作品的出版。但是有两种解决办法：加快阅读速度，以及有选择性地阅读。下文将针对每一点进行深入探讨。

快速阅读

阅读是一项逐渐培养出来的技能。有些人的大脑存在读写障碍，因而阅读速度较慢。读写障碍是指处理书面文字上的障碍。它相当于阅读领域的耳聋或色盲。这些人的智商较高，如果接受技能培训，再加上一定的毅力，他们不仅能进步，还有机会克服这种障碍。但它也可能是一种顽疾。

孩子在学习阅读阶段会缓慢而大声地朗读出来，因为他要确认每个字的发音。识字能力提高后，他们会加快阅读的速度，不过就没有必要大声读出来了。

默读的能力是阅读技能自然发展的结果，而且是最近才出现的。在古代，少数受过教育的人在阅读时会出声，而且他们似乎只有这样才能读下去。至公元5世纪，希波的圣奥古斯丁年轻时曾任大学修辞学教授，他曾提到米兰主教圣安布罗斯在阅读时不动嘴唇，表达了对他的钦佩："他的眼神会跟着文字走……但是声带和舌头一动不动。"

速度低于平均水平的阅读者有一个共同特征：直到成年，他们在阅读时也会出现嘴唇或喉咙的颤动，与腹语者类似。一种检验方法是将手指放在喉咙上，感受它在你默读时是否会颤动。对于那些要读出来的人来说，接受阅读技能培训是一个好办法。

研究表明，在西方国家，受过教育的人平均阅读速度约为每分钟200—250个单词，前提是阅读内容较简单——例如一本短篇小说。比较聪明的孩子到了13岁左右就可以达到这个速度；大学毕业生的平均阅读速度可达每分钟300—500个单词；特别优秀的人每分钟可接近1000个单词。

几十年前，哈佛大学提出了一些将阅读速度提高一倍的方法，包括：使用速示器；用移动挡板将后面的文字遮盖住；用不同的速度播放胶片；编制不同难度的习题。这些“孵化式”教学方法看起来过于科学化。从理论上讲，在阅读一行字的过程中，我们的视线会停顿五到六次，需要确认某个词时会停下来。“速读学派”认为，提高阅读速度的奥秘是通过训练让视线的停顿频率下降到一到两次。上面提到的各种练习和视觉辅助手段正是为了帮助读者培养这种习惯。

我个人不赞成这些方法。一旦开始关注视线的运动，我们就会忽略阅读内容。我的建议是放松眼部肌肉，忘掉视线的停顿，让它顺着文字平稳、均匀地运动，有如一把大镰刀扫过长长的草丛。

准备一篇文章和一块表，检测自己的阅读速度；注意同时也要尝试去理解它。如果阅读材料的难度处于中等水平（例如，“优质”报纸上的一篇文章），你应该能以至少每分钟300字的速度阅读。英国作家阿诺德·本内特（Arnold Bennett）估计，书评人平均阅读速度为每秒钟8个字，即每分钟480个字。一位提供威士忌培训的爱尔兰教授每分钟大概要讲4200个单词。如果你的速度较慢，我建议你接受阅读培训，或者使用速示器。你也可以参考相关的自学手册。如果你只是缺乏练习，那么多加练习就可以了。阅读习惯一旦培养出来就很难改变。默读理解能力主要是我们在小时候获得的。

“我的阅读速度不快，”美国科幻小说家艾萨克·阿西莫夫（Isaac Asimov）说，“但理解能力较强。”阅读速度本身的意义不大。达到一定速度后，你的理解力就会开始下降。

EFFECTIVE COMMUNICATION

一目十行

我参加了速读课程，学习如何一目十行，并在20分钟内读完了《战争与和平》。我只记得它与俄国有关。

——美国电影导演、演员伍迪·艾伦（Woody Allen）

慢速阅读没有什么特别的优点，它并不能帮助你加深理解。正如法国数学家和哲学家布莱斯·帕斯卡（Blaise Pascal）所说：“如果我们读得太快或太慢，就很难理解内容。”

有选择地阅读

面对大量文件，第二个方法是减少阅读量，即严格读完必读文件，省略掉应读和可读文件。有没有更好的办法？

以《圣经》为例。“圣经”（Bible）一词源于希腊语的“biblos”，字面意思是“书”，它实际上是指犹太人最早的图书馆。你会发现，这一本书涵盖了所有犹太文献：文字记载、说明文件、编年史或历史记录、谚语和预言集等。从希腊诗人荷马开始，希腊甚至罗马的主要作品可以被整理成两到三个厚厚的卷宗。15世纪的古典学者和人道主义者伊拉斯谟和当时那一代人是仅存的能读懂当时所有重要书籍（人类知识的总和）的人（当然，出于地理位置和语言的原因，其中不包括来自中国、印度或阿拉伯国家的文学)。

印刷机的发明让更多人有机会读到《圣经》和其他典籍，而不仅限于拥有手稿的富人或学识渊博之人。出版商将这些作品翻译成不同的语言，让更多人有机会读到它们，也为更多的(神学和世俗的)英语图书创造了市场。图书和文件的涓涓细流通过出版演变成了“维多利亚瀑布”。现在，世界上没有任何一所图书馆拥有充足的空间和资金来容纳如此多的文献，尽管有些图书馆(例如美国国会图书馆和大英图书馆)作出了巨大的努力。即使存在这样的图书馆，你在有限的生命里也只能读完其中微乎其微的作品。将它们全部录入计算机也没用——你还是要亲自阅读。

不仅是图书，各种形式的出版物都顺应市场发展的趋势而成倍增加。以报纸为例。我的书架上有一份英国早期的《宫廷新闻周刊》(*Mercurius Aulicus*)。它是保皇党在英国内战期间在牛津印制的，每周一期，报道所有全国性事件，却只用了大约5页A5纸大小的版面。与你周末阅读的报纸做个对比！人们都愿意以低廉的价格购买大量商品，报社抓住了这个心思。广播和电视让报纸逐渐被淘汰，想到这一点，厚厚一份大篇幅的报纸就更匪夷所思了。

如果你手下有员工，可以让他们替你筛选阅读内容。公司首席执行官或政府官员等忙碌人士在这一点上会依赖有经验的员工。当然，这样做也存在风险：他们的筛选标准可能是错误的，会导致你无法读到必读和应读的内容。但是这个问题可以通过基于相互信任的良好沟通来解决，前提是你要认真挑选了解你的员工，并进行培训。

大多数人手下没有员工，但可以找其他人帮忙。一些人在选择小说时会以口碑为参考。我对于管理学或领导力方面的图书会采取这项原则。如果两到三个人推荐一本书，尤其是如果我认可他们的意见，这本书就会被我纳入阅读清单。专业人士的选择和建议也可以为我们节省很多时间。

泛读的技巧

方法就是这些。通过自行挑选和别人的推荐，你桌上出现了一些文件。我在前面提到过，书面文件包括电子邮件、信函、期刊或图书。你接下来要做的是粗略地翻阅这些文件，判断读完它们需要多少时间和精力。

“技能”（skill）一词或许源于一到两个古斯堪的纳维亚语单词，分别表示“区分”或“决定”。阅读的一个方面是习惯性地作“决策”，或确保视线随着字面意思移动；另一方面在于判断应该读什么以及是否需要精读。正如英国哲学家弗朗西斯·培根所说：“一些书可以浅尝辄止；一些书可以狼吞虎咽；而有些书则需要细嚼慢咽，好好消化。”我们将这种根据阅读内容决定阅读速度的技能称为“泛读”。

泛读是快速浏览文本，帮助大脑迅速掌握大概内容的行为。“泛读”（scan）一词源自拉丁语的“scandere”，意为“爬升或跳跃”，所以你可以想象自己踏着河面上的石头跳跃，但不会被河水（即“文字”）弄湿脚。这是一种广泛、全面的检索能力，快速但不草率，可以概括为“稳中求快”。“泛读”也可以是一种深入研读，不仅仅停留在表面。它耗费时间，但也有助于节省时间。

这种从头到尾查阅文字材料的方法可以帮助你大致了解它的内容。你或许会停下来仔细审读某个部分。“审读”（scrutinize）一词也来自于拉丁语；原词为“scrutinium”，意为“垃圾”。它最早指的是古罗马的穷人在垃圾堆上寻找还能用的破布。现在，这个词强调对细节的密切关注。你的注意力——阅读与聆听的关键，从大范围的视角转向了狭窄的关注点：

◎ 首先浏览标题、副标题、插图和目标，找到自己感兴趣的部分。

◎ 浏览文件的格式——结构安排或写作方法，包括目录、各章节长度、附件和附注。

◎ 挑出一两段话仔细阅读，了解写作风格——思想深度、语气、难易程度以及真实性。

◎ 如果你对内容感兴趣，可以针对整体或部分进行泛读，寻找其中的主旨——关键段落、句子或词语。

◎ 加快阅读速度，按照一定的节奏进行大幅度横向或纵向浏览。

◎ 深入研读你感兴趣的部分或段落，必要的话可以多读几遍。

为提高阅读效率，你要摆脱从出生时起就限制自己的两种习惯：

◎ 永远从头读到尾。

◎ 永远从左到右（有些语言是从右到左）顺着每一行向下读。

对于初学者来说，这两点是很好的习惯，但对于想要提升泛读能力的人来说，它们便成了束缚。

泛读的风险在于，阅读速度会让你逐渐失去控制。与听众一样，读者的首要任务是了解对方的意思。这可以很简单，也可能非常难，取决于作者的水平。你经常要停下来，认真体会某个部分：作者是什么意思？他要表达什么？如果泛读的速度太快，你很容易看错某个点，导致完全曲解整篇的意思。“对于我的信，你读得不够仔细……”可能是导致你无法晋升的理由。

有时，第二条规则会限制我们的阅读自由：认为“正确的”阅读应该是按照从左到右的顺序读一行文字，其间眼神要多次停顿的想法。我们要摆脱下意识地遵守这条规则的习惯。此外，我们可能会选择用更少的时间“一目十行”，即一眼浏览整页文字。页边空白处的作用类似于相框；我们可以将每个页面或其中部分内容想象为一张图片，单个字就好比一块砖块，而整个墙面上的信息才是最重要的。

最后，你要严肃地对待阅读。对眼前的报告、文章或图书采取积极但不循规蹈矩的态度。这让我想起了去深海捕鱼的日子。我站在北极拖网渔船的甲板上，像水手一样专心剖鱼，无暇顾及其他。作为读者，你的“刀”必须插入图书或报告的“腹中”，将它“划开”，露出跳动的心脏——某个句子或段落，这才是它的核心。将一本书或报告迅速而熟练地“剖开”听起来似乎有些骇人，但在图书、报告或文章泛滥成灾的世界中，这就是阅读的事实。

因此，我们必须彻底摆脱一个观念：读者有义务读完每一个词。苏格兰作家詹姆斯·博斯韦尔（James Boswell）曾发问：“什么，你没有从头到尾地阅读吗？”“没有，”他的朋友约翰逊博士回答，“你会从头到尾地读一本书吗？”

任务清单：仔细阅读

	是	否
你是否制定了正确的阅读目标？	□	□
你是否预先准备了一些问题，并试图在阅读中找到答案？	□	□

（续表）

这些问题是否恰当？	□	□
你是否经常通过向自己提问来保持专注？	□	□
你在阅读时是否会总结主旨？你能否归纳出每个章节的核心思想，以及每个部分和段落的大概意思？	□	□
对于作者引用的证据、解读、案例和其他细节，你是否会认真检验其真实性？	□	□
你是否会用适当的方式做笔记，将学到的东西记录下来？	□	□
你是否会将作者的经历与自己的作对比？如果是，你的经历是否可以为作者的结论提供补充？	□	□
哪些内容值得反复阅读？	□	□
你是否会与其他人探讨读到的内容？（与谁？为什么？何时？如何探讨？探讨什么？）	□	□

本章要点：有目的地阅读

◉“如何理解‘阅读即沉默的交谈’？”英国作家、诗人沃尔特·萨维奇·兰多（Walter Savage Landor）问道。阅读与聆听相似，都要求我们全神贯注，同时提高效率。

◉ 作家与演讲者一样，会无意中给读者抛出很多问题。不掌握阅读方法的人会在这些障碍面前栽跟头，可能还会错过其中包含的核心思想。相反，擅长阅读的人能够克服这些困难。

◉ 你的阅读需求是什么？除了完成和完善当前工作（必读、应读和可读）之外，你还要针对未来的工作开发自己的潜能。图书和其他书面材料可以帮助你做好准备。除了本书，你在未来12个月还打算读哪些书？请举出五个例子。记住美国作家马克·吐温的话："与不会读书的人相比，不读好书的人不会有任何优势。"

◉ 印刷品的大量增长产生了一些问题。你需要读很多东西，但只有有限的时间——更糟的是，信息量在不断增长。你有两种选择：加快阅读速度，以及严格筛选阅读内容。

◉ 快速阅读法或许有帮助，尤其是你如果天生阅读速度较慢。但它不会帮助你大幅缩短阅读时间。认真与仓促不可共存。

◉ 所以，首要的方法是严格筛选阅读内容（必读内容不可缩减）。追求质量而非数量。向他人，尤其是专业人士寻求建议。

◉ 现在，你面前放着必读材料以及你自己挑选的内容。首先认真泛读，确定需要花费多长时间。接下来按照泛读结果采取行动——不必要的内容可以放在一边，重要的材料要进一步研读，甚至可以多读几遍，直到完全掌握精髓。

◉ 阅读而不反思有如吃饭而不消化。

阅读之于思维，犹如运动之于身体。

——英国谚语

第三部分

沟通的实践

08

实用的演示技巧

我在前面说过，我第一次接触演示是在部队期间。军方研究制定了多种演示方法，在第二次世界大战期间使用。根据上文给出的定义，“演示”（presentation）是一种在正式或固定场合开展的活动，一般有两个特征：

◎ 使用视听工具。

◎ 开展团队合作。

至于第二点，演示也可以由一个人单独完成，但这种沟通往往可以通过对话、授课、演讲或研讨会的形式来实现。

我在演示活动中受益匪浅，逐步升任军官。后来我转到了文职，连续7年在桑德赫斯特担任军事历史高级讲师，向部队军官传授演示方法。军事历史是必修课程（现更名为“战争研究”），学员需要在类似于剧院的讲堂里带头或参与演示，分享自己对著名战役（例如诺曼底登陆）的理解。参加过这些战役的老兵会在演示结束后发表评论。我的任务是对战役进行深入分析，然后针对他们的演示技巧提供建设性评论。我和其他讲师也需要做一些演示。

从那时起，演示在工商业领域逐渐普及，几乎取代了公共演讲。演示的场合有很多，例如：

◎ 提出营销或销售议案。

◎ 发布新产品或服务。

◎ 在研讨会或大会上发言。

◎ 开展培训。

◎ 介绍商业计划。

请从你的专业领域中找出两个例子。想想未来：如果你能顺利晋升，需要在哪些新的场合进行演示？

你很快就会看到演示技能对你的重要意义。除了对企业净利润产生影响，它对于个人发展也相当重要。在某种程度上，组织会检验和评判你的演示能力；你在演示中的表现甚至会决定你的职业前景。

因此，你要根据第二章介绍的“沟通星形图”框架培养演示技巧，在各种不同的场合提升自信，增强演示效果。台上的演员都有自信；他们不仅记得清台词，还有专业的技能和经验，能吸引观众的注意力。但是还要注意环境——包括剧院条件以及具体的戏剧内容。

你与演员之间的相似之处是有限的。你不用背别人的台词，也不需要穿戏服。更重要的是，你在自己的舞台上同时负责导演、制作、写剧本和演出。但这种类比凸显了六个主要的演示技能：

◎ 了解场合、听众与位置。

◎ 构思与写作。

◎ 使用视觉辅助工具。

◎ 准备演讲稿。

◎ 与他人排练。

◎ 正式进行演示。

每一部分都很重要，有助于增强整体演示效果。某些因素（例如位置）你可能无法掌控，但是你要确保将一切能做的准备做好，从而提升自信和成功的概率，用最放松的状态迎接当天的到来。

了解场合、听众与地点

在进行演示之前，你首先要了解自己从事什么行业，以及没有从事过什么行业。举个例子，我经常拒绝在宴会后致辞的请求，因为我不属于娱乐行业。我通常也不接受销售会议期间的演讲邀请，因为我不是善于调动情绪的演讲者。你无法胜任所有场合，除非你是天才。你要了解自己的局限性和专业能力。

假设演示场合正好符合你的专业领域，你应该有过类似的经历。因此，你对听众会有大致的了解，甚至可能在同一个地方做过演示。但是作为专业人士，你仍然不能忽略这三个方面：场合、听众和地点。举个例子：

> 尼波航空公司由于资金短缺，只能雇用其他航空公司早已辞退的飞行员，于是找到了尼姆罗德机长。上任的第一天，尼姆罗德坐进公司唯一一架喷气式客机的驾驶舱，将酒瓶放在自动驾驶仪上。“我们启动吧，”他对其他飞行员说，“我对客机了如指掌。我的驾驶经验很丰富。我们要去突尼斯，是吧？我去过很多次了。别用你们的路线图和天气预报来糊弄我——我们肯定能顺利抵达。到了马赛别忘记左转。别检查油量了，浪费时间，这是地面工程师的任务。发动引擎吧。今晚有什么好吃的？”

为了确保你不会犯尼姆罗德机长那样的错误，我建议你仔细阅读下面的任务清单。它可以帮助你细致入微地了解情况，从而做好更充分的准备。我将任务清单分为三个部分，但是你需要进行全面的考虑。场合、听众和地点三个要素是密不可分的。我曾听说，有一场大会原本非常成功，但因为服务速度太慢加上酒店食物太差而前功尽弃。（说明一下，不是我安排的！）

任务清单：了解场合、听众和地点

	是	否
场　合		
你对演示的目标了解清楚吗？	□	□
你要在什么场合演示？	□	□
演示时间是否充足？	□	□
是否有讨论环节？	□	□
谁负责主持会议并介绍你？	□	□
会议方是否收到了你的个人介绍？	□	□
你知道在你演示前后的会议流程吗？	□	□
听　众		
听众人多吗？	□	□
他们为什么会坐下来听你的演示？	□	□

（续表）

你是否了解他们的期待？	□	□
听众对演示主题的了解程度		
较高？	□	□
中等？	□	□
较低？	□	□
你是否认识其中的某些人？		
总体来说，你对他们的期待是：		
极为友好？	□	□
漠不关心？	□	□
充满敌意？	□	□
演示内容对他们来说是否有用？	□	□
地　点		
你是否了解以下情况：		
会议室大小？	□	□
座位安排？	□	□
讲台位置？	□	□
音响效果？	□	□
公共演讲设备？	□	□

（续表）

视听设备？	☐	☐
技术支持？	☐	☐
室内温度？	☐	☐
灯光控制？	☐	☐
茶歇安排？	☐	☐

如果你要在一场大会上做演示，那么你有机会提前与听众见面，了解他们的反应。你要将听众看成是一个整体，而非独立个人的组合（虽然事实如此）；换句话说，听众是一个有生命力和个性的社会团体。

当然，这个假设的前提在于，他们有提前相处的时间。你要观察他们在其他演示期间的反应。至少你会知道不该做什么！如果听众专门过来听你的演示，那么他们互相之间或许并不认识（即使来自同一个组织）。这时你要让他们知道，你和他们一样处于一个全新的环境。如果时间足够且听众人数不多，你可以让他们简要介绍自己和对你的期待。

了解场地很有必要，而且要尽量提前。人们很容易对现场作出错误的假设。一些人眼中的大会议室在别人看来可能很小。不久前，我受邀在非洲某国的一家国际饭店总统套房里举办研讨会。我以为会有一个华丽的套间，但实际上，12位参会者紧紧围坐在一个狭小房间里的餐桌旁，甚至没有放置投影仪和屏幕的空间。记住一句著名的军事格言："侦察工作永远不会浪费时间。"去现场看一看吧。

构思与写作

到了这个阶段，你需要纸笔或电脑。现在，你了解了场合、自己的任务、听众身份和人数以及现场条件。与主办方沟通过后，你也清楚时间限制——整场活动的时长和你可以支配的时间。下面要开始工作了。

目标是什么？

在开始演示之前，将你的目标及其意义讲清楚。你首先自己要明白目标是什么、它的价值在哪里。

我们有必要区分一般目标和特殊目标。一般目标体现了大致的方向，但无法就此作出定义。例如，你的一般目标或许涉及教育、宗教、政治或商业领域，可以根据你的职业来判断。一般目标决定业务性质，因此也必然会决定演示主题。

但是演示的目标必须更加具体。它至少应具有以下一些关键特征。回想之前做过的某次演示，看看它符合以下哪些特征，并勾选出来。

明　确		有现实意义	
具　体		有挑战性	
可衡量		有价值	
有时限		所有人达成一致	

一场演示不一定具备所有特征。例如，与面向客户的商业宣传相比，教学演示的效果更难衡量。你也永远无法让所有人一致接受你的目标。

时限标准尤其重要。很多演示的效果不好，因为演示人员试图在有限的时间内做太多事。如果你只有20分钟的时间向参加园艺大会的买家介绍新的割草机产品，那么你就不会有时间介绍人类发明和使用机械的历史，也来不及讨论现代花园的演变。你可以挑战自己和听众，但前提是你要面对现实，清楚在有限的时间内能做些什么。

制订计划

现在你有了目标和针对具体场合设计的内容，接下来就要建立演示框架。总的来说，演示应该包括开头、正文和结尾（详见表格）。

制订计划时最好遵循以下步骤。首先让深层思维或潜意识去思考这个问题。举个例子，几个月前我完成了本章的初稿，但此后进行了多次修订。在不同的场合，我总能得出不同的结论。当然，你要设定一个底线。要记住，没有人能制订出完美的计划。正是因为太多人追求完美，导致自己的作品一直无法完成，最后只能放弃。你要制订行之有效且便于调整的计划，而不是完美的计划。

在正式活动之前，不妨把你的计划给活动主办方过目，毕竟“三个臭皮匠顶一个诸葛亮”。你要认真权衡其他人提出的建设性意见，并进行必要的修改。

制订演示计划

阶 段	具体内容
开 头	会议主席介绍情况 你作开场白 介绍演示目标及其意义 展示演示大纲

（续表）

制订演示计划	
阶 段	具体内容
正 文	将整场演示分解为几个部分，类似于图书的不同章节，一般为三到六个 用案例或证据支撑主要观点 如果演示时间较长且内容复杂，可以在中场做个小结 估算每个部分需要的时间，确保将大部分时间用在最重要的部分
结 尾	首先总结演示内容 再次回顾演示目标，并进行总结陈词

使用视觉辅助工具

中国有句谚语："百闻不如一见。"为什么？因为我们接收的大部分信息都是通过眼睛获得的。因此，你一定会用到视觉辅助工具，尤其是如果演示目标以传递信息为主。

无论是你自己控制电脑还是由他人代为操作，都要牢记有效沟通的三项原则：思维清晰、内容简洁、语言生动。制作幻灯片时要判断哪些内容可以删掉。如果你打算多次演示同样的内容，我建议你请一位专业人士帮助设计和制作视觉辅助工具。将你的想法告诉他，让他用幻灯片或数字化手段将其呈现出来。

使用视觉辅助工具的小技巧

◎ 用多张图片帮助你厘清思路，让你可以看着听众说话。多与听众进行眼神交流，尽量不要盯着屏幕。

◎ 图片只能包含基本信息。

◎ 将图片内容限制在25个字以内。

◎ 给图片或幻灯片编号，确保顺序正确。不要让顺序错乱破坏你的专业性。

◎ 可以使用图片、绘画和彩色物体来吸引听众的兴趣——记住，“百闻不如一见”。

◎ 使用单个视觉辅助工具的时间不能太久。

◎ 最重要的是，演示中不要使用太多幻灯片或图片——“简洁才是美”。

◎ 如果你要使用高科技设备，确保有人在旁边提供技术支持，例如帮你翻页，或者在幻灯片出现故障时加以解决。

如果你想在园艺大会上出售割草机，不如带上一台真的割草机，然后播放一个用它割草的短视频。在此类商业演示中，产品永远是最有效的视觉辅助工具。

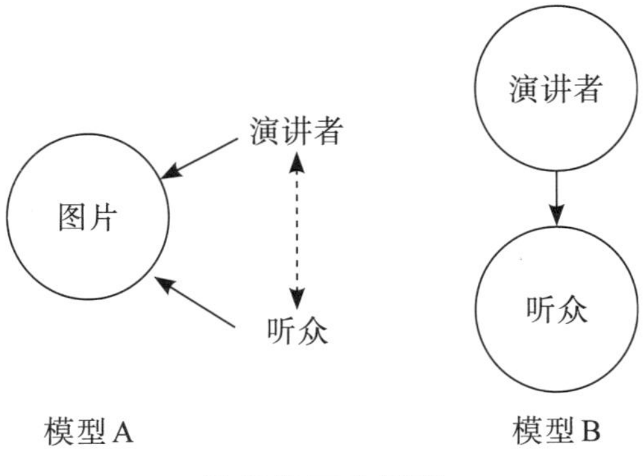

沟通的两种模型

视觉辅助工具很重要，我对它们一直情有独钟。我喜欢与观众一起分享图片并从中探索，这体现出了沟通的一个基本概念。从下图看，我倾向于采用模型A：

模型A让我想起了法国飞行员、诗人和作家安托万·德·圣埃克苏佩里（Antoine de Saint-Exupéry）多年前写下的话："生活告诉我们，爱不是凝视彼此的眼睛，而是朝着同一个方向看。"

准备演讲稿

除非你拥有先进的自动提词器，就像很多政治人物在大型会议上使用的那种，否则我建议你不要阅读演讲稿。这样做无疑更准确，但会妨碍你与听众进行眼神交流。丘吉尔这样经验丰富的演讲者会在念稿的同时频频抬起头来看着听众，还能保证声音听起来自然。但这样做也是弊大于利，尤其是在当今时代，人们更喜欢随意的交流。

你什么时候应该照着稿子念？发表广播演讲是这种场合之一，因为时间要求严格，而且面前也没有听众。但即使坐在广播间，你可能也会偶尔抬起头看向隐形的听众——广播剧中的演员就是这样做的。

也许你要发表科学论文或正式演讲，这时你需要朗读现成的稿子。即使如此，你仍然可以在演讲之前或之后给听众提供文字稿，这样就不用逐字逐句地朗读了。演讲和写作对于沟通的作用不同，但存在相关性或重叠部分，因此要注意区分。

另一方面，为什么不能脱稿呢？如果你是专业的演讲者，这应该是惯常做法。它并没有你想象的那样难。演员和音乐家在台上都不会看台词或乐谱，你有何不同？脱稿有助于你看着听众并独立思考。虽然这样的准备时间较长，但是值得。

我所说的“脱稿”并不是要求你像演员或音乐家一样，在幕后将所有台词或乐谱完整地背下来。你只需要记住演示的梗概或框架，以及具体的事实、引用的故事或案例。你要克服的问题是提升自信，相信自己在演示过程中不用参考笔记。你的短期记忆或许比你想象的更加可靠。即使个别不重要的词语稍有出入，那又怎样呢？

在念稿和完全脱稿这两种极端情况之间，还有其他几种选择。如果演示只做一次，而且你没有完全脱稿的信心，则可以参考幻灯片或活动挂图。你也可以准备一些小卡片，在角上打孔并用绳子穿起来，这样不仅方便翻看，还不会弄错顺序。还有一种方法是将演示大纲用大张纸打印出来，放在讲台前听众看不见的位置。

无论你选择哪种方法，一定要在计划阶段确定下来，然后像演员一样努力背稿。当然，演员也会使用提词器，以免忘词。你可以在手边放一份文字稿，在台上忘记说什么时不用担心，随时可以拿起来翻看。

与他人排练

排练是公开演出之前的私下表演或练习。在重要的演示活动前，你需要反复排练。但是你很容易排练过度，影响自然发挥，违背“表达自然”的沟通原则。一支好的乐队会排练多次，但在表演当晚会留出自然发挥的余地。

如果你有一支演示团队，那么至少要排练一到两次，而且最好在现场进行。团队成员间要相互提出建设性意见，这样有助于共同提高。提前在现场将自己负责的部分大声讲一遍，你可以找出自己的错误，也可以实现整个团队的协调。最后，检查所有设备和视觉辅助工具，例如确保坐在最后一排或角落里的人能听清楚。

EFFECTIVE COMMUNICATION

布置舞台

在剧院里，舞台管理是确保演出顺利进行的组织方式或手段。它包括布置舞台和灯光，在正确的时间和位置呈现合适的效果。舞台经理的工作是做好这些安排，让演员不需要为之操心。如果某个地方出现严重故障，所有观众都会看在眼里，舞台经理也无法做任何辩解。故障已经发生了，从那一刻起，它已经印在了观众的脑海里。如果经理需要为某件事向观众道歉，他就失职了。

因此，合格的舞台经理要学会发挥想象力，预测可能发生的所有情况。他要在脑中将每个演员和舞台工作人员的行为过一遍，检查一切准备是否已就绪，确保演出顺利且安全地进行。他的职责是保证不出意外，让演员和观众专注地进行密切互动。

——约翰·卡森（John Casson）

即使只有你一人演示，而且不需要现场排练，你也应尽早确认场地，查看座位安排、照明和音响、潜在的内外干扰因素以及所有可以使用的设备。在你自己（或你信任的人）确认一切无误之前，不能掉以轻心。根据我的经验，任何设备（尤其是计算机）都可能出问题。“对不起，我对这款设备不熟悉，”机器出现故障时，操作人员可能会这样说。

但是要承担责任的是你：你要向听众道歉，因为你没有遵守有效沟通中“准备充分”的原则。他们很可能也读过这本书！当然，如果你表现得镇定自若，甚至能从包里掏出备用件，或许可以加分——但谁愿意冒险呢？

正式发表演示

如果前期准备做得足够好，当天就不太可能出现突发状况。但仍然会产生难以预料的变化，你要作出判断，对演示内容或方法进行相应的调整。这些方面完成后，你和听众就可以一起踏上演示之旅了。现在最重要的是你的表达能力。

表达技巧	
阶　段	**方　法**
开　头	•如果会议主持人的介绍有不当之处，你要有礼貌地指出来，并表示感谢 •吸引听众的注意力。用尽量简洁、清晰和明确的语言介绍演示的背景与目标，让听众适应你的声音、了解你这个人。告诉他们你接下来要做什么
正　文	•“优雅、速度与空间”——这是一款汽车的品牌理念，对演示也同样适用展现自己的专业性，用轻松的语气和流畅的语言将准备好的观点讲出来 •无论你允许听众在演示期间随时提问，还是想将问答环节留到最后，一开始就要让他们知道 •讲话时眼神要扫过在座的所有人，让每个人都感觉到你在与他交流 •声调要有高低起伏，语速要适中，不能太快或太慢 •表露出愉快的情绪；如果你看起来乐在其中，听众也会很享受
结　尾	•准备进入最后阶段时，给听众一个信号 •在这个阶段不要提出新的观点或信息；将前面的内容简要重复一遍 •如果可以的话，用一句简短有力的话进行总结 •提前认真琢磨最后几句总结陈词

（续表）

表达技巧	
阶 段	方 法
问答、讨论	•将听众提出的问题重复一遍，让各个角落的人都能听清楚 •回答问题时不要长篇大论 •通过反向提问激发听众的讨论 •将所有灯打开 •保持谦逊，并向听众表示感谢 •如果一个问题中包含多个小问题，要逐个回答
总 结	•总结讨论内容，重点强调行动号召 •最后向各方表示感谢

进行演示之前，很多人的大脑都会发出警示信号，因此大多数人在这种公开场合往往感到紧张。你可能也会这样。我们要如何克服紧张感？

任务清单：你演讲时会紧张吗？	是	否
你站起来面对一群人（即使是熟悉的人）开口说话时，是否会感到紧张？	□	□
你是否会突然找不到恰当的词来表达观点？	□	□
你是否会有不舒服的感觉，例如心悸、恶心、口感、手心出汗或呼吸不畅？	□	□
站起来讲话时，你是否会大脑一片空白？	□	□
你是否担心忘词，让自己在众人面前难堪？	□	□

克服紧张感的方法有很多种。首先你要知道，有一点紧张是正常的，所以不要惊慌。演讲前存在一定的紧张情绪实际上是好事，有助于增加肾上腺素，让身心做好充分的准备。你可以通过一些简单的放松运动（如深呼吸）将前期的紧张感保持在可控状态。

紧张感从何而来？这是你的身体面对危险情况时的一种反应。大脑将公开演讲当成了危险，因此产生了焦虑甚至恐惧。为什么会这样？或许是因为当很多人在看着我们时，潜意识中的原始自我将自己想象成了潜在的受害者，以为潜伏在草丛中的掠食者或敌人正在伺机而动。这种身体变化让我们开始为战斗或逃脱做准备。例如，如果你在战斗中受伤，胃里最好不要有食物。因此，在感知到危险情况时我们往往会感到恶心。

感知力有助于将这些自然的身体反应保持在可控的范围内。如果演员认为观众充满敌意，那就很难坚持每晚上台演出。确实有个别不怀好意的观众，但总的来说，我们都抱着积极的心态走进剧院，想放松一下或得到灵感，并期待演出大获成功。你要坚信观众站在你这一边，否则他们为什么会坐在这里呢？

在正式场合发言时，你可以随意走动。但最舒服的姿势是将两脚稍微分开，身体重心稍向前脚掌转移，这样就不会出现烦躁或不必要的动作。两只手可以在你说话时自由挥动。

所有动作都能体现出你的性格。紧张到坐立不安会发出错误的信号，你要学会克制。不停地拨弄头发、抖腿、摆弄笔或眼镜、左右摇摆、来回踱步、反复系上和解开扣子、拨弄口袋里的硬币或钥匙，这些紧张所导致的行为都是可以控制的。手上可以做任何动作，但不要将两只手放在一起。

最后请记住，演示与戏剧表演无异。你要表现出绝对的自信和热情。可以假装自己是天鹅：表面上高傲冷漠，但水下的两只脚却在拼命划动。

下面是一些“划水”的方法：

获得自信的六个方法	
关键方法	**备　注**
深呼吸	让肺里吸满空气，这有助于膈肌在你说话时控制气流
管好双手	如果两只手不知道放在哪里，可以将它们攥紧放在前面或者背后。学会忘记它们
看着听众	说话时始终看着听众，目光扫过所有人。努力达到忘我的境界
动作得体	动作要不慌不忙。如果会议室较大，动作幅度也可以相应地大一些
放慢语速	不要让语速超过思考的速度，这样可以避免“绊倒”在词语上。不要琢磨词语，你应该关注的是观点和脑中出现的画面
保持镇定	在演示之前，用几分钟时间厘清思维。让自己保持镇定并放松下来。听众也会这样做

好的演示类似于世界一流乐队的表演。如果坐下来欣赏音乐，而不是从技术角度进行分析，你会将每个乐器演奏出的不同音符和节奏分开来听吗？你欣赏的难道不是所有声音组合起来产生的整体音乐效果吗？

如果演讲内容引人入胜且令人受益匪浅，这并不是因为每个部分讲得好，而是产生了整体效果。丰富的知识储备、精心的设计和流畅的表达相结合，产生了有效的沟通。与希腊著名演说家德摩斯梯尼属于同一时代的一个人评价他：“如果他的听众只关注语言本身，就会错过很多深层次的内容。”

本章要点：实用的演示技巧

◉ 演示是一种使用视听辅助工具的演讲形式，通常由多人组成的团队完成。你不仅要积极参与演示，还要了解如何领导团队。成功的演示包含六个方面内容。

◉ 了解场合、听众和地点，做好充分的事先准备。提前了解得越多，准备也就越扎实。在这里，你需要遵守有效沟通中"充分准备"的原则。

◉ 构思演示内容，包括大纲和具体细节，为成功演示打好基础。

◉ 选择正确的视觉辅助工具，这是提高演示效率的重要步骤。确保这些工具足够清晰、简洁和生动。

◉ 准备演讲稿，将重点背下来，另外制作一些提示卡。你要努力脱稿，尽量不要参考笔记。

◉ 排练是成功的必要保障。你可以在正式演示前通过排练提升自信。我在这个小标题下以"舞台管理"为例，介绍了排练过程中的必要准备。

◉ 正式发表演示时，你要遵守有效沟通的四项原则：思维清晰、内容简洁、语言生动和表达自然。专注于中心思想，语言就会自然形成。想象自己正在带领听众进行一场有趣、激动人心且成果丰硕的旅程。

◉"不做好准备，就要准备失败。"克服紧张的最好方法是提升信心。提升信心的准备工作应该在演示之前很早开始，在演示当天你要通过行动来体现。

火苗应该第一时间燃起，并一直保持燃烧，直到最后。

——英国化学家迈克尔·法拉第（Michael Faraday）

09

成功的访谈

听比说更需要智慧。

——苏丹谚语

我们可以将访谈看作是两人之间有明确的角色和目标的会议。“访谈”（interview）源于法语动词“s'entrevoir”，意为“互相见面”。

访谈有很多类型，包括记者、电台或电视主持人与采访对象之间的会议或对话，申请工作职位或高等教育机会的人接受的口试，以及警察对案件当事人的审问（有时委婉地称为“协助警察办案”）等。这些访谈有哪些共同点？

◎ 访谈需要预先安排，离职面谈除外。

◎ 采访者和受访者都要提前准备。

◎ 双方都有明确的目标，并且会告诉对方。

◎ 访谈的核心是沟通——“人与人之间通过使用一套共同的符号交流观点的过程”。

大多数管理者认为自己擅长访谈，就像我们很多人认为开车技术很好一样。你如何评估自己在这方面的能力？实际上，访谈与开车一样，是一项复杂的技能。但是你不必先犯错再改正。无论你认为自己的能力如何，总会有改进的余地。

在本章中，我首先会介绍一些常识，接下来探讨访谈的流程和一些常见问题，最后介绍如何开展访谈或评估效果。重点是最后一部分，因为具体问题往往在这个阶段出现。例如，选拔面试主要交流有关候选人和职位的信息，从沟通的角度看相对直接。人员选定的方法在此不做讨论，因为访谈只是其中的一部分内容，不过我希望以后有机会可以深入探讨。与之相反，评估面谈包括表扬和批评对方。这种访谈会让人情绪激动，而当情绪冲进房门时，理智往往会跳出窗外，因此采访者和受访者都必须具备优秀的沟通技巧。

表扬和批评具有主观性，因此这两者经常被听起来更加友好和中立的反馈（feedback）一词所取代。例如，有位作家提到过正向反馈（affirmative feedback）和发展性反馈（developmental feedback），或许指的就是表扬和批评。我们在第一章介绍过，“反馈”一词最早是个系统术语。它指的是系统的一个部分经过一个回环将信息返回到前一个部分，从而提升整体功能。从严格意义上说，表扬和批评不仅仅是将某个流程的结果返回到起点的反馈，因为它们还具有指导意义。

本章主要写给作为采访者的领导或管理者；但在实际工作中，你更多时候是受访者。你可以借鉴自己以往的经验，同时掌握访谈双方应具备的技能。

关于访谈的几点建议

目　标

有效沟通的“思维清晰”原则要求双方都清楚访谈的目标。你们都清楚了吗？议程上还有什么项目？双方首先要沟通好访谈的话题。

你作为采访者可能通过书面或口头上说明了自己的目标，但必须确认与受访者的想法一致，否则双方容易话不投机。

问问你自己（还有对方）想要通过访谈取得什么成果？访谈的“成功标准”是什么？你们如何判断这场谈话是成功的？

交流信息

明确你想要得到哪些信息，以及对方可能希望你提供哪些信息。假如是选拔面谈，对方可能会问到薪酬待遇、职业前景、领导力发展计划、组织变革的性质和范围等。直接回答这些问题，让对方了解目前状况。不要用虚假信息引诱对方为你工作。换句话说，如果你提供的信息不真实、不准确，你给对方开出的就是空头支票。

掌控局面

领导者的首要责任是掌控局面。作为采访者，你的任务是引导谈话。

保证谈话切题，避免漫无目的地交谈。一旦偏离主题，目标就很难实现。

牢记目标，尽早扣题。如果要说的话让人难以接受，就更要第一时间进入主题。

不要说太多话，你的任务主要是听。在一般的对话中，说和听的时间基本上各占一半。但是在访谈期间，你说话的时间不能超过20%。如果你想从对方口中得到信息，那么尽量用最简单的语言将问题说清楚。

最后，尽量不要超时，要遵守“语言简洁”的原则。面谈应该是一场短跑冲刺，而不是马拉松。

规划访谈内容

提前规划访谈内容有助于避免偏离主题。面谈分为几部分取决于具体目标和你的自身经验。你的经验越丰富，就越不需要提前想好问题。但无论如何，你都要想好大致的框架。

访谈包括开场、正式谈话和结尾。各部分以及相互之间的过渡都需要专门的技巧，具体如下：

开　场

◎ 首先介绍你自己和一些重要事项。

◎ 直接向对方介绍谈话的目标。

◎ 让对方放松下来。

◎ 营造轻松的气氛，让双方能够畅所欲言，紧紧围绕目标冷静且坦诚地展开讨论。

正式谈话

◎ 双方交流信息时要始终围绕目标。

◎ 讨论内容要切题，努力取得成果并以工作为导向。

◎ 认真聆听对方的答案或观点。

◎ 既要用眼睛观察对方，又要用耳朵关注对方说的话。

◎ 确保完成所有议题。

结 尾

◎ 总结讨论成果。

◎ 重申自己决定或双方一致同意采取的行动。

◎ 肯定面谈成果。

◎ 尽量不要突兀地结束。

◎ 最后用一句积极的话来结束面谈。

如何正确地提问

提问是访谈的（或者从更广泛的意义上说，也是聆听的）一种手段。访谈的技巧主要是在正确的时间提出正确的问题。问题有多种类型，各有其优缺点。你要掌握所有类型，这样就不会反复提出同一个问题。

问题的类型和具体内容		
问 题	**作 用**	**缺 点**
是非问题 例如："你读过这篇报告吗？"	可用于了解事实，迅速判断是与非（如"你是否健康？"）	可能导致答案过于简单（如"你是否对工作感到满意？"）

（续表）

问题的类型和具体内容		
问　题	作　用	缺　点
封闭性问题 例如："你在这里工作了多久？"	可用于了解事实和数据。这种问题类型将答案限制在一定的范围内	听起来像在审问 几乎没有探讨或解释的空间
开放性问题 例如："你如何看待自己的职业发展？"	适合公开交流信息和探讨观点	答案可能过长，甚至包含一些不相关的内容
引导性问题 例如："你难道不认为自己前几个星期就应该完成吗？"	效果不会很好，除非你想要引导对方到具体的方向上	引导性问题得到的答案价值不大
诱导性问题 例如："你怎么看待首席执行官在欧洲扩张这个愚蠢的决定？"	几乎没有效果，除非故意挑衅	诱导性问题中存在一些隐含的主观倾向和偏见。可能导致访谈中双方产生冲突
提示性问题 例如："你当时做了什么？"	可以让谈话进行下去，在内容和方向上引导受访者。可以在对方没有理解你的问题时进行澄清	可能错过某个有趣的答案
探究性问题 例如："你在加拿大公司的预算权限有多大？"	可以获得更多信息，从概括到具体	听起来像在审问
反思性问题 例如："此时你是否感到厌烦？"	可以检验你是否准确理解了对方的意思	注意不要曲解对方的意思："不，我很沮丧，但没有感到厌烦。"

绩效评估

绩效评估访谈的主要目的是提升个人的工作成绩。作为一种访谈形式，它受制于前面提到的各种规则。只有一点例外：成功的绩效评估访谈要求双方提前几个月或几周明确谈话目标。

你要重点评估受访者对本职工作的完成情况，但是如果双方都清楚，受访者的工作进度目标正在别处接受评估，那么交流就容易多了。人们很难接受别人对自己的工作进行“毫无依据”或过于宽泛的批评，例如“你应该对客户友好一些”。给予和接受批评是沟通技巧中最难的部分。还记得亚当和夏娃吗？

> 因此他们在互相指责中度过了
> 很长一段时间，但谁也没有自我责备。

弥尔顿在《失乐园》（*Paradise Lost*）中用这两句话概括了亚当和夏娃在被逐出伊甸园之后的关系状态，经验丰富的管理者对此可能似曾相识。在绩效评估访谈中，很容易出现一人指出对方的缺点和错误、另一人为自己辩解的攻守局面。此外，人们为定期绩效评估做了太多准备。绩效评估访谈的“实用手册”往往只强调表面，让自然的表达变得僵化。在这种情况下，他们忽略了沟通的主要问题，也没有认识到给予或接受表扬和批评是对话的重要内容。

我建议双方重点进行表扬与批评，这些内容虽然珍贵，但不稳定，既有可能推动个人、团队甚至组织的进步，也有可能将其摧毁。此外，我们不能将表扬与批评限制在正式的评估访谈中：我们随时随地（无论白天或黑夜，在高管办公室还是在自己家里）都在表扬或批评别人，或者接受表扬或批评。

好的读者可以成就一本好书，好的采访者或聆听者也可以成就一场高效的访谈。《箴言》（*Book of Proverns*）中写道：

> 若纠正傲慢之人的过错，就是自招凌辱；想责备邪恶之人，无异于伤害自己。不要指责傲慢之人的错处，因为他会恨你；你若指教明智之人，他会尊重你。指教明智之人会使他更加明智。

如果一方发自内心地表扬或给出建设性的批评，那么另一方一定要虚心接受。

“表扬”（praise）和“评估”（appraisal）两个词来自拉丁语动词“pretiare”，意思是“为某物设定价格或价值”。托马斯·卡克斯顿（Thomas Caxton）在早期的印刷作品中写道：“他们没有为世俗的事物定价。”

“奖赏”一词与它的意思更为接近。我在其他作品中提到，评估（加上分析与整合）是基本的思维活动：我们要费些力气才能阻止大脑进行评估，而且坚持不了太久。因此，评估是大脑思维的自然反应。

表扬是指对通过沟通看到的价值、美德或优秀之处给予积极的评价。

表扬不能过于泛滥，否则毫无意义。它与金子和钻石一样，越稀少越珍贵。

“批评”与“表扬”一样，最初是个中性词，一般用于“文学批评”。它源于希腊语中的“法官”一词，存在“有罪”判决的含义，是一种负面评价。但我们都知道建设性批评和否定性批评之间存在差别：前者的语气是积极的，且伴随着切实可行的改进建议。

大多数表扬和批评都是针对一个人的绩效作出的，与他的为人无关。另一方面，一个人的行为与品格之间存在模糊的界限：在某种程度上，行为源于品格，而品格是行为的副产品。有句话说得好："翅膀依附于鸟儿，但要带它飞翔。"但是我们往往容易根据一个人的成绩对他的品格作出错误的批判。

因此，我们在评估面谈中要尽量避免对一个人的品格作出评价。但显然存在例外情况。我们需要对自尊心维持一定的平衡。这种平衡在不断变化。有时我们重视自己的行为或立场；有时会感到内疚甚至鄙视自己；有时甚至陷入自我怜悯。当我们的自信心开始消退时，好的领导或朋友会作出真实而有鼓励性的评价，巧妙地提升我们的自我价值感。如果自尊心逐渐变成了自负和虚荣（会破坏判断力、削弱人际关系的情绪），那么身边人的安抚就会有助于平衡我们的自我价值感。

做事与做人之间存在紧密的关联，因此我们有必要将两者严格区分开来，这样你在评价一个人的业绩时，不会让他感觉到自己的人生和品格都在接受审查。此外，如果你自己不愿意接受评价，就不要随意评价别人。而且在表达观点时，你要帮助对方维持、恢复或提升他的自我价值，这是一项宝贵的个人财产。

受到表扬的人常常感到尴尬，不知道如何回应。一些社会心理学家认为，这种反应表明人们认为对方在用赞美的话来操纵自己。当然，这种不安也可能反映了得到表扬的人看出了其背后隐藏的恶意或不真诚。另一方面，这也是谦虚的表现。

"谦虚"（modesty）是优秀的人对于表扬的主动回应，它来自拉丁语的"modus"一词，意为"衡量标准"。谦虚的人对别人的表扬有自己的判断标准——他们了解自己的为人和能力。如果对方错误地对他大加赞赏，他会有礼貌地指出来，并澄清事实。例如，当他因为其他人的功劳或业绩而受到表扬之时。此外，表扬者和被表扬者的标准或许不尽相同。因此，足够自信和谦虚的人不会将表扬放在心上。最有效的方法是说给其他人听。

但是彻底拒绝别人的赞美并不妥。更准确地说，这是虚伪的谦虚。它否认了赞美中的价值或真实性，让提出表扬的人看起来像是骗子。它也否认了生活固有的社会性——包括优雅地接受和慷慨地给予。它让社会中力量和感恩的来源逐渐枯竭。总而言之，这种行为既虚伪又不真实。

建设性批评

真诚地接受表扬本来就不容易，接受批评就更难了。恰当地批评别人更是难上加难。大多数人从经验中了解到一些常识性规则，对未达到绩效标准的工作进行批评。如前文所述，人们往往喜欢批评之后伴随的建设性建议，可以帮助他们进一步提升业绩，从而达到并超过最低标准。

我们往往以为批评是自上而下进行的，就像小时候一样。但是在组织中，批评还可以由外而内（客户投诉）、自下而上和横向流动。“360度评估”（同事、团队成员以及上级之间的评估）是一种常见的批评形式。

批评以投诉为主要表现形式。“投诉”是表达对环境或待遇的不满的行为。这种不满可能有理有据，也可能毫无来由。投诉是用语言表达自己的悲伤、痛苦或不满，可以上升为正式的指控。

有关工作的投诉大多体现出期望与实际情况之间的差距。投诉方不知道如何弥合这种差距，所以投诉是他唯一能做的事。例如，如果医生开的药让患者病情恶化，患者只能向医生投诉，但无法给自己换药。然而在评估他人工作时，你要提出建设性批评，针对如何改进工作提出一些建议，否则你的领导或管理能力就会受到质疑。

下面是顺利开展批评工作的一些基本规则。你可以凭自己的经验进行修改或删减。你有什么要补充的吗？

◎ 可能的话，尽量私下批评别人；如非必要，不要广而告之。

任何有用的批评都不会让人好受。如果你不关心同事的感受而在众人面前批评他，对方就会记在心里。你应该等到现场没有其他人时再进行批评，这对双方都有好处。

◎ 避免长篇大论、毫无新意的说教。

不要用下面这种话开头："听着！有些话我早就想对你说了。你可能不爱听，但是……"批评对方时，最好直言不讳，不要玩文字游戏。批评之前也不一定需要毫无营养的夸赞，例如"你做得很好，但是……"不要敷衍地表扬对方。英国作家塞缪尔•约翰逊（Samuel Johnson）写道："称赞所有人之人实际上没有称赞任何人。"但是如果你能以真诚且有根据的表扬为开头，接下来的批评就更容易让人接受。

◎ 尽量保持简洁和准确。

避免信息量过大。一次尽量只提出一到两个点，不能没完没了！批评的内容不能太多。太多主次观点混在一起不仅不清楚，效果也不会很好，因为没人能应付那么多的批评意见。有句话说得好："别用斧头拍打朋友额头上的苍蝇。"简单的想法也不能重复太多次。如果对方在认真听，你就不要反复强调同一个问题。

为了强调而使用夸张的词语（例如永远和从不）会降低准确性。另外，不要说"你很懒"；更准确的说法是："你给我的印象是不够勤快。""印象"是个客观事实。如果不止一人有这种印象，它就会存在一定的真实性。

◎ 只针对可以改变的行为提供建设性批评。

俗话说："没有人能通过思考提高自己的声望。"批评一个人的人品不会有任何作用，因为这不是他们所能决定的。避免人身攻击。人品是否属于这一类仍有待商榷，有人曾将它定义为"由性格决定的行为"。

◎ 不要将一个人的行为与其他人做比较。

在评估访谈中，做比较尤其令人讨厌。没有人愿意被贬得一文不值。做比较会导致对方失神，即使出发点是正确的。

◎ 在投诉或批评的过程中不要指责对方的动机。

动机与一个人的内心密切相关，批评一个人的动机有如谴责他的人品。

另外，行动背后通常有多个动机，外人很容易对行为背后隐藏的动机作出错误的判断，尤其是如果受访者自己都不清楚为何要做或没有做某件事。不要混淆结果和意图。

用事实或数据来支撑自己的观察结果。评估不能与事实脱节。不要试图解读对方的心理。

◎ 如果批评是出于好意，不要为此道歉。

如果你道歉，对方会怀疑你没有资格说出这些话。这是在要求对方替你承担批评的压力，反而给他们造成了不必要的负担。带有歉意和尴尬的行为对双方都没有好处。你确实需要一定的底气，但只有在误解对方时才需要道歉。与其道歉，不如感谢对方愿意听你批评。

总之，提出建设性批评并不容易。如果能避开就更好了。一种有效的方法是让受访者进行自我评估。鼓励员工展开自我批评，这样可以大大减少面谈中不必要的冲突。在这种情况下，你要做的就是进行修改或补充，并提出下一步行动建议。

美国牧师、废奴主义者亨利·沃德·比彻（Henry Ward Beecher）说：“没有人会为了让对方受益而指出他的错误，除非心中充满了爱。”爱可以让我们认真对待他人的利益，因此是有效沟通的基石。

接受批评

有一句18世纪的英文谚语：“盲人不会因为你递来眼镜而感谢你。”你要与别人一道仔细探索需要改进之处，就像围在手术台前的外科医生一样。对你们来说，最重要的是改进共同的任务。你不能因为有人指出问题而心存不满：真相就是真相，无论出自天使还是酒吧接待之口。你要提前做好心理准备，对提出意见的人表示感谢。以下方法会有所帮助：

◎ 在接受批评时要保持安静，让对方知道你在听。

如果你有异议，可以留到最后讨论。看着对方的眼睛，这样你才能认真听对方说话。盯着窗外不是认真聆听的表现！

◎ 永远不要反过来指责批评你的人。

如果对方用错了词或弄错了某个微不足道的细节，不要反应过度，先冷静半小时。如果你反过来指责对方（“我想起来了，你开会的时候也经常迟到”），这表明你认为他在侮辱你。或者你一直忙于组织语言攻击对方，根本没听清他在说什么。

◎ 不要让对方感觉到你的精神垮掉了。

有些人一开始看起来精神满满，但很快开始泄气，似乎处于绝望的边缘。不要用沮丧的情绪影响评估人员。

◎ 不要转移话题。

适当的幽默有助于调节气氛，但过于轻浮的反应则表明你的态度不够端正。转移话题是逃避问题的表现。如果你有反对意见，尽管说出来，不能不了了之。

◎ 不要将批评夸大。

如果有人说你粗心大意，不要理解为他们认为你不负责任，然后对此进行反驳。故意夸大批评也是逃避问题的一种表现。

◎ 不要以为对方存在不可告人的恶意动机。

理解批评的字面意思。关于对方动机的问题可以晚些时候再考虑。

◎ 让对方知道你理解了他的意思。

用你自己的话解释一遍，或者向对方提问。总之，你要让对方知道你听清并理解了他的意思。

不要给别人以建设性批评为借口攻击你的机会。你有随时拒绝接受批评的权利。如果对方不让你拒绝，说明他是个强迫性的批评者。言路是狭窄的：你要对批评保持开放态度，但在接受之前首先要检验它是否合理。

虚心接受批评并进行改正是优秀聆听者的标志。如果事后发现批评毫无根据，至少你可以学会谦卑。

如果你认为对方批评得完全正确，或者至少有些内容值得反思，那么你要感谢对方付出的时间和精力。正如莎士比亚在《哈姆雷特》中所说："聆听他人之意见，但保留自己之判断。"他们帮了你一个忙，给了你一份礼物。作家塞缪尔·约翰逊总结道："批评是一次学习机会，人们以极低的成本就可以极大地提升自己。"你愿意忽略这点微不足道的成本吗？

EFFECTIVE COMMUNICATION

面对批评的几种态度

有一位答疑专栏作家曾经写道："了解别人的最好办法是给他们一些免费的东西，然后观察他们的行为。"

在我看来，通过批评别人，你能了解得更多。

人们面对批评的态度通常有四种。

一、忽视

愚蠢和无能之人往往会这样做。他们不知道你在说什么、为什么要这么说，或者自己应该怎么做。他们没有资格得到你的关注。

二、否认

这是一种很危险的选择性思维。你要注意这个人在公司外的行为和在公司内的汇报有没有出入。

三、回避

这是政客惯用的伎俩。当面交谈时，他似乎无所不知，但往往意识不到他正将自己的失败归咎于他人。这时你一定要保持清醒。

四、接受

这是一种成熟的表现。愿意为错误承担责任的人（无论是否由他造成）往往也愿意纠正它。

我欣赏（并愿意聘用）的人不包括前三种。

——马克·麦考马克（Mark McCormack）

有效性的检验标准

人们有时候会对合理的批评产生抵触，甚至拒绝接受。但是旁人很快会发现，他们开始转变工作方式。他们虽然表面上拒绝了批评，但是在潜意识或深层思维里，他们接受了信息，并将它转化为行动。在这种情况下，评估人员不会得到认可和感激。但是领导者并不以此为目标。毕竟，愿意表达感激的人大概不超过百分之十。

评估人员可以这样理解：自己正在通过对方的感官触及他的潜意识或深层思维。一枚硬币掉到地上也是需要时间的。或许有必要进行第二次、第三次面谈，在不同的场合用不同的语言重复同样的观点，加深对方的印象。但是也要维持一定的限度。我们必须始终捍卫“拒绝的权利”。如果对方一次次拒绝接受信息，评估人员就要重新考虑自己的建议。对方或许愿意接受意见上的分歧。另一方面，受访者的职业前景甚至工作本身可能都取决于是否接受建议。在这种情况下，领导者有必要在面谈中将建议说清楚，并明确规定时限。

优秀的领导者会合理利用表扬或批评的手段，提升团队士气、促进个人成长。你可以双手合十默念：“让正直之人以慈爱待我、责备我；但是，不要让他们的珍贵香脂干扰我的思想。”

在思考给予和接受表扬与批评的困难性时，我们又回到了有效沟通的核心内容——诚信（包括职业诚信和个人诚信）上。它是让人们之间产生互信的品质，是建立持久关系的基石。它有助于推进思想的交流，即使话语令人难以接受，因为其最终目的是实现个人成长。管理学大师彼得·德鲁克（Peter Drucker）在《管理实践》（*The Practice of Management*）一书中写道：

> 总而言之，员工需要管理者具备一种基本素质，它无法通过提供技能或强调任务的重要性来培养。它就是诚信……可以说，所有职业——医生、律师、食品杂货商，都要有诚信。但也存在区别。管理者与员工时刻相处，为员工分配工作，指导他们完成任务，提

供培训，开展评估，并且还能决定员工的发展方向。商家与客户要进行坦诚的交易。但是管理者更像是父母或老师；在这些关系中，坦诚的交易是不够的，个人诚信才最重要。

本章要点：成功的访谈

◉ 访谈或私下会谈（通常在两个人之间进行）是重要的工作内容。它们可以根据目标分为不同的类别，但具有共同的特征：通常是预先安排好的，需要提前做准备，有明确的目标，参与双方有明确的职责。

◉ 目标清晰、准备充分、表达自然和语言简洁应成为访谈的主要原则，有助于保障沟通效率。

◉ 采访者占据主动地位，必须以愉悦而坚定的方式引导对话，确保双方得出明确的结论。

◉ 访谈几乎不需要任何技巧，只有一点：采访者尽量少说话。但是你应该掌握不同的问题类型，并在正确的时间提出正确的问题，就像木匠为不同的工作选择最合适的工具。

◉ 针对绩效提出表扬和批评并不容易，因此评估面谈大多难以令人满意。通过运用本章给出的基本规则，你可以显著提高评估效率。

◉ 你自己愿意接受批评吗？本章介绍了一些常识性原则，可以帮助你达到最好的评估效果。下一次，你要将绩效评估看作是一次机遇，而不是威胁。

人性最深处的本能是渴望得到他人的欣赏。

——美国心理学家、哲学家威廉·詹姆斯（William James）

10

有效主持会议

三人一条心，黄土变成金。

——中国谚语

在最近的一场创新大会上，一家大公司的经理有些绝望地说："一切事务都要提交给委员会，否则根本无法进行。"会议越来越多，但往往效率低下、浪费时间且毫无乐趣。莎士比亚名作《麦克白》中的女巫们说：

我们三人何时再见，
在电闪雷鸣中，还是在下雨之时？

女巫碰面的环境显然比不上企业管理者，但是这些女巫知道，她们还会一次次见面的。

"见面"是一个很宽泛的概念，包含两个或以上的人偶然或有意相遇，临时或长期共处。几乎所有见面都包含沟通。本章将主要探讨"会议"，即一群人坐在一起讨论。你如何有效地主持或管理这种讨论？

讨论的作用

“讨论”是一种自由随意的交谈，参与者都要表达自己的观点或感受，它不适合讲求效率、时间严格的会议，但在目的明确的会议中应成为核心议程。它不同于随意的对话和正式辩论。讨论有限定的主题，通常是得出结论或确定行动方针的一种手段。

“讨论”一词来自拉丁语，原意为“摇晃开”。参与讨论的人会将多种可能性筛选或分离出来，并探讨出各自的优缺点。为了进行有效的讨论，要做到以下五点：

◎ 提前规划对于讨论的成功至关重要。毫无准备的谈话很难有成果。规划阶段可指定一位负责人完成，但如果能有参与讨论的团队成员共同参与就更好了。

◎ 随意性有助于鼓励所有人畅所欲言，虽然团队规模、听众数量以及座位安排会产生一定的限制。有限范围内的随意性是最合适的。

◎ 参与是有效讨论的重点，每个参与者都要贡献出有价值的观点。所有人将有效信息集中到一起，这是找出解决办法的最佳方式。在规模较小的讨论组中，每个人都有机会发言；但是在大规模的公开讨论中，只有少数人可以发言。我有必要强调一下，认真聆听也是一种参与。

◎ 目标对于有效讨论至关重要。漫无目的的聊天不属于这里的讨论范畴。

◎ 有效的主持是成功讨论的必要条件。大型会议的主持人或主席或许有秘书或助理。在规模较小的团体中，成员相互了解，主持工作可由多人完成。

EFFECTIVE COMMUNICATION

座位安排

主持人的工作流程安排在会议召开前就开始了。根据经验，他应该能想象到现场需要什么。座位安排尤其重要，它可以产生独特的信息交流模式。300年前，詹姆士一世国王的首席大臣弗朗西斯·培根观察到：

> 一张长条桌，一张方形桌，或者靠墙的座位，看起来是形式上的东西，但实际上大有内容。坐在长条桌一端的少数几个人支配一切；但是在别的位置，坐在下位的议事官的意见就可以多受采纳了。一位君主在主持会议时应当注意，不可在言辞中过多地泄露自己的意图；否则那些议事官就会开始见风使舵，而不会自由地向他发表意见，而要给他唱一曲“吾将愉悦我主”的歌。

讨论（包括私下讨论和公开讨论）的种类繁多。但是一般来说，会议的目标、团队规模及讨论进展决定了特定情境下的讨论形式。例如，委员会是由上级组织任命的一个小组，负责开会调查问题、制定相关报告并提出建议。相反，大会的代表来自不同的组织，有些开展合作，有些相互敌对，但一起开会讨论某个问题，并提出联合行动建议。有些会议（也称为“工作组”或“研讨会”）的唯一目标是让参会者获得新知识或新技能。

主持人和主席这两个概念常常交替使用。但一般来说，主持人用于非正式的小组讨论，而主席用于更加正式的场合，包括委员会、大会或公开会议。

如果你是企业管理者，你有很多机会主持正式会议和讨论。管理和主持两种职责有时是分开的，但更多时候是并行的。同时做起来也并不容易，就像足球裁判还要兼任边锋一样。

明确目标

讨论可以有多种目标。即使在同一场会议中，讨论的焦点也会变。下面给出了几种一般目标：

◎ 交流信息。
◎ 作决策。
◎ 缓解紧张关系。
◎ 表明态度。
◎ 提供指导。

这些目标相互之间并不排斥。例如，获得有用信息往往伴随着作决策，也有助于缓解紧张关系！对这一领域的早期研究表明，在讨论中得到最多信息的人最有可能改变态度。

会前做好准备

要将会议总体目标分解为不同的目标（每个目标要有方向性，但不能受限）以及更加具体的小目标。在这里，你会用到有效沟通中“准备充分”的原则：提前规划，安排好会议的各种细节。认真准备是成功的奥秘。

会议议程是关键要素。仅仅写出几个标题来提醒自己是不够的。要认真制定事项列表，并标明某个事项需要讨论还是决策。简要描述事项主题。举个例子，“成本上涨”看起来过于宽泛，可以写成“成本上涨：

讨论工厂能源节约报告，针对第一条和第三条建议作决定”，这样参会人员可以提前思考相关问题。至少提前5个工作日向所有人发送会议议程和相关文件（如上面案例中的“能源节约报告”）。

相对于听到的内容，人们更容易记住自己看到的信息。清晰、简洁、生动的视觉手段可以给你节省很多时间。

用于准备的时间永远不算浪费。如果你在走进会议室之前清楚地了解会议目标，提前研究过会议主题，且一切准备都已做好，那么会议一定非常有效。

任务清单：做好讨论准备

	是	否
你是否明确了解讨论目标？	□	□
其他参会者是否清楚这个目标？	□	□
如果其他人不清楚，你是否打算在会前简要介绍？	□	□
你是否会在会前澄清所有必要信息？	□	□
你是否将待讨论的主题和目标一一介绍清楚？	□	□
你是否准备了一些激发讨论的问题？	□	□
你是否制定了会议时间表？	□	□
你是否作好了接待和座位安排？	□	□
你是否准备好了所有重要资料，包括视觉辅助工具和挂图？	□	□

引导讨论

作为会议主持人，你要记住自己的两项重要职能。从小处看，你要认真执行会议流程，确保参会者遵守流程的同时积极建言献策。你负责维持公平，让所有人得到发言机会、遵守规则，类似于裁判或陪审团主席。

另外，你还要担任团队领导或管理者，积极取得讨论成果。具体职责根据不同的会议类型会有变化。例如在创意思考会议上，主持人的作用更像是催化剂，而不是交管员。

“裁判”与“主持人”两种职能之间存在明显的冲突。一些团队和领导者会任命专职的会议主席负责“裁判”工作，类似于众议院发言人，让主持人能够自由地引导各方探讨问题。会议不同议程会有不同的主席进行轮换。

在大多数情况下，主席可以兼任“裁判”和“主持人”，毕竟这两种职能之间也存在重叠。

前面介绍过领导者的几项关键职能，如分配任务和做规划。但是作为主席，你在开场时要介绍会议目标及其必要性。不要想当然地以为所有人都知道。你还要确认是否参会者都能接受该日程安排，让你的规划变成所有人的规划，用愉快且坚定的语气表明自己的会议主席身份。

会议开始后，你要利用自己的智慧和敏感性掌控全局。如果有人滔滔不绝，你该怎么办？你要阻止他，但要掌握技巧：“谢谢你，迈克，我想大家明白你的意思了。苏珊，你还没有发过言。你同意迈克的观点吗？”

有经验的参会者很少需要你主动提供发言的机会。更多时候你需要做的是让滔滔不绝的人停下来。但作为主持人，你要始终关注还有谁尚未发言。如果你发现他们过于害羞或缺乏开口的勇气，至少可以给他们一个机会。

如果有人说个不停、占用他人时间，或经常打断别人的话，你要表现得强硬一些，直到他明白你的意思，永远不要让场面失去控制。

防止偏题也是会议主持人的一项重要工作。人们在讨论过程中很容易偏离议题。在“头脑风暴”等需要发挥创意的会议中，参会者可以任意发散思维，因为任何想法都可能产生新的创意。

发散思维是人之本性，但也给会议的主持和引导工作增加了难度。下图表明，集体讨论与一对一访谈不同，前者的沟通关系较为复杂，增加了管理难度。在一些正式场合（例如议会），所有发言都由主席指定。这种做法在正式的辩论中效果很好，尤其是如果参与人数众多，但是在非正式的团体讨论中就毫无用处了。

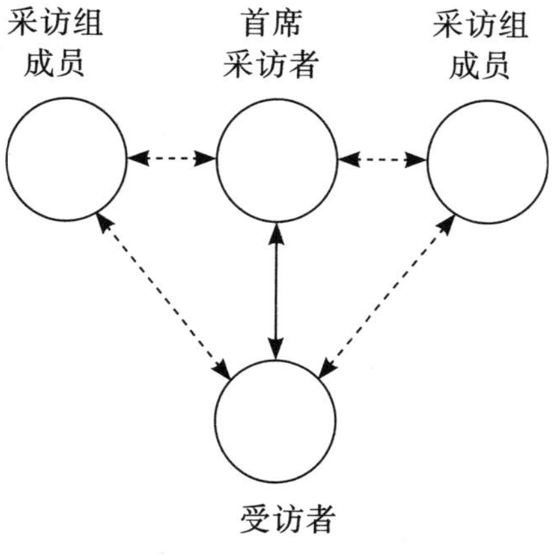

访谈
箭头代表双向交流

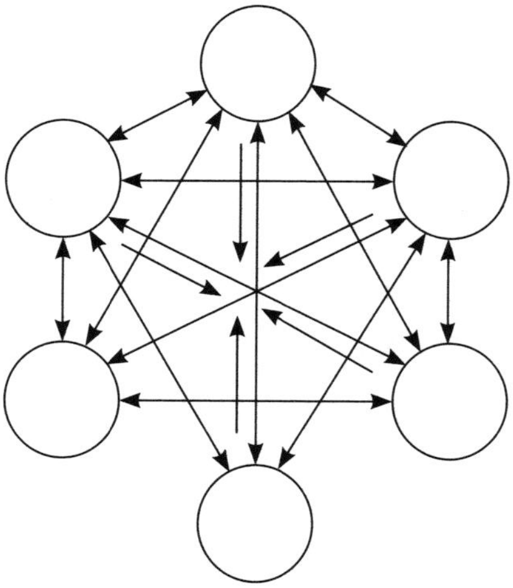

团体讨论
指向中心的箭头代表发言人面向所有人讲话

沟通关系示意图

要在认真开展主持工作的同时参与讨论，你要具备以下能力：

◎ 快速清晰地思考。

◎ 认真聆听。

◎ 发言清楚简洁。

◎ 将别人没说清的话理顺。

◎ 公正无私。

◎ 阻止随意打断别人发言的行为。

◎ 耐心、包容、友善。

◎ 态度友好，但要保持干练。

及时总结当前的进展，明确接下来的议程。会议过程中的小结可以帮助大家回顾前面的内容，因此一定要准确。作为主持人，你要在正确的时间用最简洁的语言进行总结，帮助所有参会者快速了解目前的进展，这是很高的要求。

总结不仅考验会议主席的能力，还可以让所有参会者受益。它可以证明你是否能抓住发言主旨。通过总结，你不仅可以过滤掉多余的话，还可以从其他与会人员的反应中检验自己听得是否准确。因此，总结有助于大家思考和消化。

歌手可以将钢琴弹出的音符转化为声音，而会议主席的另一项能力是用自己的语言阐释发言者的观点，同时将他的意思原原本本地传达出来。他首先要领会对方的意思，再用自己的语言复述一遍。举个例子，技术专家发表观点以后，主席要用简单的语言进行解释，让在座的各位听懂。这不仅考验你的聆听能力，也有助于讨论的顺利进行。

你的行为和语言一样有助于推进（或阻碍）沟通。幽默、谦虚和坚定的态度都可以产生意想不到的效果。会议主持人有责任创造一个温暖、友好且正式的讨论环境，要规范自己的行为，确保能够推进良好的沟通。要在正确的时机询问参会者的相关意见。

如果讨论结果要求某一方采取行动，主席要确认他是否理解并接受这项行动。行动方案中要包含截止日期。

至于委员会（负责决策或解决问题的团队）是否有独立的行动权并不重要。它的职责无非是取得成果，就像足球队能做的就是进球一样。每个委员会都是由个人组成的，作为一个整体，它的作用是为个人行动提供便利。尽管最终决策往往由其中一人作出，但行动由委员会全体开展。重要决策是委员会作出的，或者是委员会审议后的结果。

EFFECTIVE COMMUNICATION

高效的会议主席

首相在内阁会议期间不能过多地发言。他负责开场，或者请别人来开场，接下来让身居高位，但不轻易发言的官员讲话。首相还负责总结发言……特别是当非内阁大臣第一次出席内阁会议时，首相要更加严格。这些官员为了证明自己的能力可能会发表长篇大论。不要存在侥幸心理，要让他们事先提交演讲稿……如果有人中途想发表言论，要及时阻止："你有反对意见吗？没有？好的。下一项。"这样内阁会议才能继续推进，得出清晰、干脆、毋庸置疑的决策。这就是政府的作用。对民主的挑战在于如何迅速完成会议。

——英国前首相克莱门特·艾德礼（Clement Attlee）

请记住，讨论是一个漫长的过程。需要快速行动的场合不适合讨论。如果参会人员缺乏相关的知识或信息，讨论也不利于解决问题。此外，讨论特有的随意性意味着它不能取代全面陈述或对某个观点的进一步阐释。最后，与演讲等正式活动相比，讨论前很少需要全面或细致的准备，因此可能造成思考质量低下和决策无效。

虽然讨论存在多种局限性，但我们不能以此为借口放弃它，或草草了事。没有讨论便很难实现民主。你要注意的是合理运用这种手段，即针对合适的主题和问题做好充分规划，并营造良好的主持与合作环境。

优秀的主持能力对于提高会议效率至关重要。会议主席也会造成多种问题，但合格的主席能够确保会议严格按照时间表和议程顺利推进，并取得合理的成果。在这个过程中，各方将开展目标明确的沟通。

本章要点：有效主持会议

下文总结了管理团队沟通的十大要点：

◉ 将所有会议目标记清楚。

◉ 认真做规划——确定参会者，提前分发会议议程和相关资料。

◉ 确保所有关键人员都已到场，且现场没有闲杂人员。

◉ 提前沟通时间表，并准时开场。最好在会议室准备一块钟表。

◉ 认真制定议程，为介绍会议目标、开展有效讨论、得出结论并商讨必要的行动留出充足时间。

◉ 如有会议记录，确保记录内容简洁明确，记清楚各方职责和截止时间。

◉ 最后用肯定的语气总结会议决策和需要开展的行动。

◉ 作为主席，你要同时履行裁判和主持人的职责。

◉ 经常总结自己的主持表现，向他人寻求反馈意见，实现自我提升。

◉ 定期审查例会，确保会议内容有效，且有关键人员在场。

悠兮其贵言。功成事遂，百姓皆谓我自然。

——老子

11

组织中的沟通

企业高管的首要职责是建立并维护沟通体系。

——美国企业高管、管理学专家切斯特·巴纳德（Chester Barnard）

几乎没有任何大型组织是一夜之间成立起来的。它们都是从小规模工作组或团队起步，在一到两个人的带领下有机地成长起来。

团队是一种微型组织。作为一个整体，它由独立的个体组成，有各自的职责；所有个体拥有共同的目标，一方无法独立完成。这里的“个体”是指个人。

组织中的“个体”指的是团队或工作组。团队成长为大型组织的过程是有机的，可快可慢。引用A. A. 米尔恩（A. A. Milne）的作品《小熊维尼和老灰驴的家》（*The House at Pooh Corner*）中的话：

> 今天要安排一些事情，或者发布署有自己名字的告示……今天自己像是一位指挥官，别人都跑来说：“是的，瑞宾！”“不，瑞宾！”然后等待自己下达指令。

到了某个阶段，组织开始需要这样的“瑞宾”来安排“一切事情”。这个阶段的关键是建立等级制度。“今天自己像是一位指挥官……”

组织者理顺工作之前都有具体的计划，类似于军事制度。但是军事制度仅仅反映出大型机构中较为原始或天然的组织方法，可通过下面的简单模型来体现：

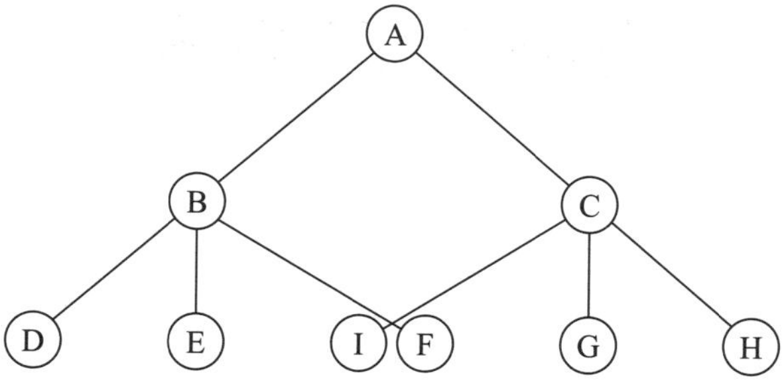

基本等级结构示意图

在上方的基本等级结构示意图中，A承担总体领导职能。团队负责人D、E、F、G、H和I直接向B和C汇报，B和C直接向A汇报。等级制度的所有要素就是这些。我们用下级（subordinate）、同级（coordinate）和上级（superordinate）几个概念来形容人们在等级结构中所处的位置：

◎ 下级：B和C是A的下级；其他人是B和C的下级；六个团队成员是各自负责人和以上各级领导的下级。

◎ 同级：B和C是同级；D、E、F、G、H、和I是同级；各团队内部成员相互之间是同级。

◎ 上级：包含所有领导层，A处于金字塔的最顶端。

“等级制度”（hierarchy）一词源自希腊语，最早指的是有等级分层的牧师统治集团。英语单词的发音像是“更高等级”（higherarchy），即一种有高低之分的制度，其中上下分级的含义十分明显。例如，它传达了一种平行责任等级的概念，每个平行等级（迟早）都有自己的级别和地位。

注意，等级制度（或更高等级）与部落生活是相悖的。在部落中，领导者与民众处于同一级别，不存在任何等级之分，与下图类似：例如，在一个贝都因人部落中，酋长会在中间搭起帐篷，向所有人敞开大门。部落成员是自由平等的，只不过在规模较大的部落中存在家庭或亲属组成的小群体。但是，所有人都可以向酋长投诉或提问，等待仲裁或解决。

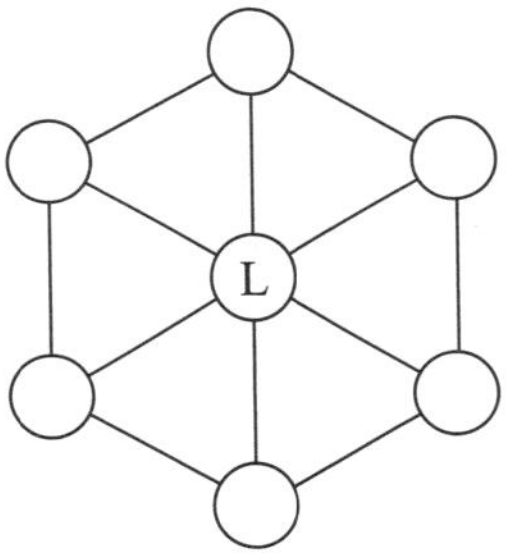

部落结构示意图

人类起源于部落，部落传统影响深远，是现代民主的原型。等级制度是如何出现的？小型部落演变为多民族国家是其中一个原因。另一个原因是军事的发展。武装部落只有在实行等级制度时才能成为纪律严明的军队。

EFFECTIVE COMMUNICATION

人员安排

有一天，以色列的几个部落正在沙漠中，杰斯罗看到女婿摩西独自一人坐在那里，身边围满了找他提供建议或解决争端的人，从早到晚络绎不绝。

“这样行不通，”杰斯罗说，“你和其他人都会累坏的。这项任务对你来说太繁重了；你不能一个人承担。我给你提个建议……”杰斯罗对他说，他必须继续担任上帝的使节，给人们提供指导。“但是你要亲

EFFECTIVE COMMUNICATION

自挑选一批敬畏上帝、诚实和廉洁的贤能之人，给他们安排职务，让他们分管千人、百人、十人。他们应为所管辖的人定夺事务；将困难的问题转交给你，简单的问题自行裁决。有这些人一起分担，你的负担就会减轻。如果你这样做，上帝就会给你力量，让你继续工作；这里的所有人也将重获和平与和谐。"

这个《圣经》里的故事有两点没说清楚：法院的建立和军事组织的形成。

服从组织纪律的"文明"国家（如希腊和罗马）可以在战斗中征服部落或部落联盟。罗马军队仍然是大型组织的成功典范。

正式沟通

作为小型工作组或团队的领导者，你可以进行非正式的私下交流。但是在组织中，你必须通过正式的渠道进行沟通。

这并不意味着组织中完全不存在非正式沟通。大多数组织中都存在频繁的信息交流、对话和私下联络，但是这些活动只能作为补充手段。如果非正式沟通占据了主导地位，只能说明正式的沟通渠道（组织的核心）效率低下。

在组织环境中，规模和地域分布是限制沟通效率的两大因素。剧烈的变革只会让情况变得更糟。变革需要更有效的沟通，而规模、地域分布和变革本身都不利于沟通的开展。

要克服潜在的问题，你需要一套实用的沟通理念，包括沟通的内容、方向和你的个人职责。关于这三个方面，可参考沟通星形图模型（详见

第二章）。

内容

如果你熟悉三环模型或团队及组织的一般理论，你就会了解人们在沟通中想要什么。我们再回顾一下这个模型：

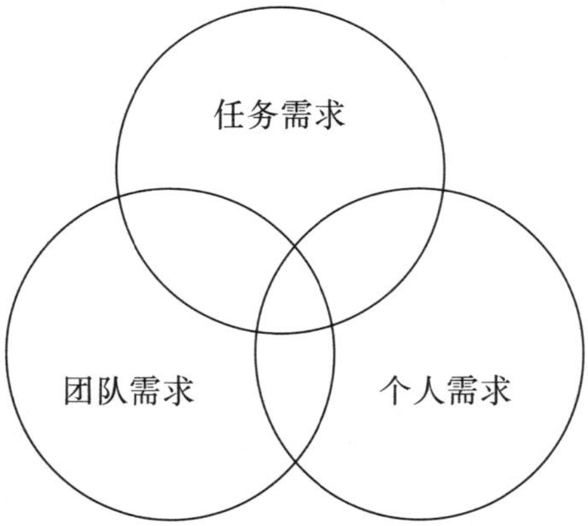

三环模型示意图

根据这一理论，团队和组织中共有三个需求范围：

◎ 完成共同任务。
◎ 团结起来，或保持凝聚力。
◎ 满足每个人的需求。

组织沟通的主要内容（例如信息、观点和知识）一定属于这三个相互重叠的领域。在这里，我的重点是办公室或公司内部的沟通。当然，所有组织的员工都需要开展外部交流，包括与顾客、客户、供应商和公众等。内部沟通需求如下：

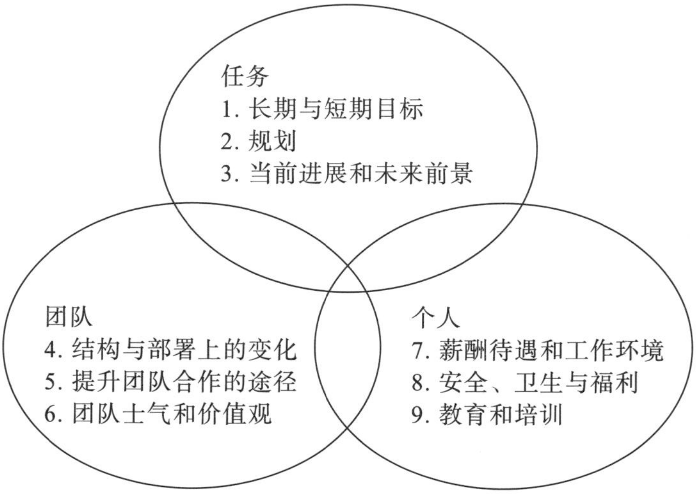

三环模型中的沟通内容示意图

沟通内容	
领　域	**备　注**
1. 长期与短期目标	组织的长期关键目标和短期具体目标是沟通的核心，可以回答关于“为什么”的问题
2. 规划与政策	提前做好规划，准备回答关于“什么”“何时”“如何”“何地”以及“何人”的问题。规划工作可在战略、运营或团队层面开展
3. 当前进展和未来前景	进步可以创造动力，未来前景更是如此。当前进展和未来前景可与产品和创新方面的积极变革有关
4. 结构与部署上的变化	任何组织变革或结构安排的变更

（续表）

沟通内容	
5. 提升团队合作的途径	任何有助于提高团队合作的方法，可以确保各方形成一个团结、和谐的整体
领　域	**备　注**
6. 团队士气和价值观	公司价值观指引的方向；是内在精神，而非外在形式
7. 薪酬待遇和工作环境	任何对薪酬待遇、工作条件或个人职业前景产生影响的因素
8. 安全、卫生与福利	对员工健康或人身安全产生影响的信息
9. 教育和培训	任何有助于个人当前和未来发展的内容

上表是指示性的，并不全面，但涵盖了组织工作人员需要和想要了解的内容。人们寻求具体的目标来激励自己，想在相互依存的高绩效团队中获得归属感，并期望获得必要的信息，从而提高自己在大型组织中的个人价值。

EFFECTIVE COMMUNICATION

分享信息

糟糕的领导者往往将信息作为力量和权力的来源。正如斯堪的纳维亚航空公司前首席执行官扬·卡尔森所说："一个人如果不掌握信息就无法承担责任；而一旦获得了信息就不得不承担责任。"优秀的领导者能够看到共享信息对于改善决策的价值。

信息的流向

沟通不仅限于语言：它还包括意义的（主动或被动）传递，是流动的。

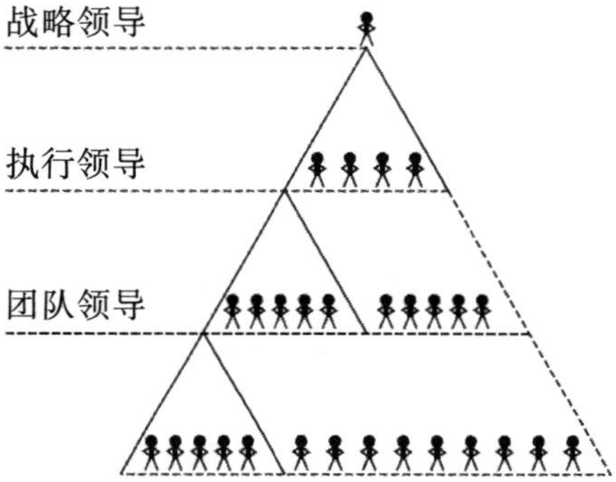

领导力的三个层级示意图

最常见的流向是自上而下，或者从中心到边缘。想象一个军事指挥所，将军在这里向指挥官介绍情况，指挥官回头传达给自己的手下。这里存在三个层面的领导力：战略、运营和团队。

你会发现，这里有一个正式的沟通结构，将将军的作战计划转化为行动。

但是在过去，上图中的结构并不适用于自下而上的沟通。毕竟，普通士兵对将军有什么可说的呢？几乎没有。好的军队确实会实行向上级申诉的制度——但执行起来很难，因为士兵的直接上级通常是他们的申诉对象，显然他们不会愿意将其意见上交。在纳尔逊统领的海军中，每个士兵都有权直接面见上将，并提出口头或书面申诉。

现在，工作的性质发生了变化，每个人都有责任向上汇报有关产品性能或质量、客户需求或竞争对手动向等方面的信息。沟通变成了双向的。

竞争压力提升了团队合作的重要性。与部门或业务之间界限分明、密不透风的企业相比，鼓励横向沟通的组织更容易取得成功。

领导者的职责

变革需要领导者；领导者可以创造变革。因此作为领导者，你不要对变革产生抵触情绪，这正是你存在的意义！但变革并不是最主要的，你同时还要权衡组织的可持续发展。因此，你需要把握好变革的方向、范围和速度。

领导力和沟通也分不开。你能想到一位不擅长沟通的好领导吗？领导力是有效变革和良好沟通之间的纽带。

首先，你要承认工作对于下行、上行和平行沟通的需求。即使作为战略领导者，你仍然需要与上级管理层或董事会沟通。沟通的内容永远离不开三环模型。其中一部分是你自己的观点——你的目标、想法或计划。但是你还要借助工作的渠道，将从各处得到的信息传达给别人。你应该怎么做？

一般来说，最重要的信息应采用最优渠道进行沟通，即当面传达，以书面材料为辅助。

一位顶尖的保险经纪人曾对我说："数百年来，市场交易的基本方法几乎没变过，就是与投保人面对面谈妥后签署书面合同。通过这种方法，我们可以实现清晰且迅速的沟通，并当场得到回复。这是一种重要的私下沟通和私人关系，没有它，市场就无法有效运转。"沟通效果会随着信任度的下降而削弱。

威尔士工党领袖、国家医疗服务体系创立者之一的安奈林·贝文（Aneurin Bevince）曾经说过："在政治领域，75%的工作都围绕着重点领域以及沟通方法展开。"你要对两者予以同样的重视。

管理者需要掌握判断重点工作的标准。可参考下面的"需要了解"优先级同心圆模型：

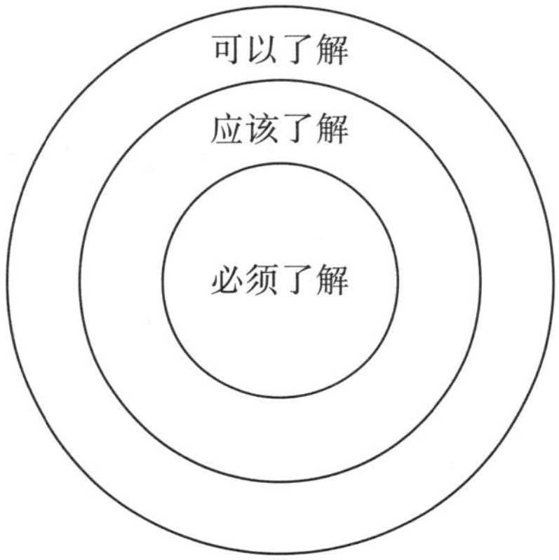

"需要了解"优先级

同心圆模型示意图

◎ 必须了解：重要信息。

◎ 应该了解：值得了解，但非必要的信息。

◎ 可以了解：相对不那么重要的信息。

举个例子，必须了解的信息可能包括新产品的推出（下行），在重要的和约定的截止日期未能提交工作报告的原因（上行），或者大客户对其他部门提供的服务产生了兴趣（平行）。你可以在会议期间或通过电话进行交流，并附上必要的书面材料。可以了解的信息可通过布告栏或新闻通讯传递。应该了解的信息应主要以书面或电子形式传递。你要注意，会议期间的面对面沟通费时费力，因此在交流每个圆环中最重要的战略信息（而不仅仅是任务本身）时才有必要。

我之所以这样说，是因为管理者承担着压力，负责将短期问题和利润相关问题留到面谈中。也正因如此，全球公司更需要业务领导，而不是管理者。

很多人忽略了公开演讲的沟通技巧（即负责战略或运营的领导站在员工面前介绍总体任务以及分配给团队和个人的工作，接下来回答提问）。发送电子邮件的效果是不一样的！

EFFECTIVE COMMUNICATION

鼓励双向交流

有时朋友们会建议我不要频繁到部队中去。他们有一点是对的，部队中有很多人，但是我每次只能与极少数人交流。因此他们认为，我除了让自己劳累，不会产生任何影响。我不同意这种观点。首先，通过与军人们沟通，我可以了解他们的想法。我会跟他们谈天说地，我最喜欢问某个班或排是否探索出了新的战斗技巧或小装置。只要士兵们愿意，我什么都可以谈。

当然我也清楚，我到访的信息会很快在部队中传开。我认为，这可以鼓励将士们将自己的想法告诉上级，进而提高沟通效率。持枪上过战场的人有很多想法和创意。如果他们能与上级军官自由地交谈，那么这些想法和创意就会为所有人所知。此外，这也有助于培养互信、建立合作，这正是团队精神的内核。一支惧怕上级的军队永远不会像上下级之间存在信任的军队一样出色。

——美国前总统德怀特·艾森豪威尔

如果你不是高层管理者，便很难将员工召集起来。但你应该抓住一切机会与所有间接向你汇报的人交谈，并听取他们的意见。

人们经常通过例会开展下行、上行和平行沟通。有些企业的规章制度要求管理者采用具体的机制，例如工作委员会。

人们往往以为，只要有具体的机制，例如情况介绍会或工作委员会，经过沟通问题就解决了。但是这些机制的效率会逐渐下降。它们会发挥一定的作用，但这取决于组织者的能力。认真、有能力且善于沟通的人组织的简单有效的机制才是有效沟通的保障。

这种机制通常有三个目标：

◎ 在做决策之前给员工发表意见的机会，从而提高决策水平。

◎ 充分利用员工的经验和想法，提高企业经营效率。

◎ 给管理层和员工提供相互了解的机会。

这些会议一般在决策之前召开，针对可能影响企业效率的任何问题进行探讨。有时会议成果会向上汇报给管理层；管理者有时也会当着提出意见之人的面，当场做出决定。

如果管理者不听取别人的意见，他们便不再是业务领导，而仅仅是受雇的业务负责人。这些人往往会忽视、忘记、歪曲或误解所听到的内容，如以下案例所示：

波特兰动力装置有限公司是一家生产柴油发动机的大型制造商。该公司决定投资进行大规模扩建，涉及附近的停车场。新的负责人马克·埃文斯制订了详细的扩建计划，意图将施工对生产活动的干扰降至最低。他重新调整了施工时间，并从上次合作的公司那里订购了新机器。结果非常糟糕。车间的团队负责人说，马克没有咨询他们的意见，导致发往中国的一大笔新订单受到了耽误。工会表示轮班表的效果并不好。一位团队负责人补充道："如果公司能在我们访问德国工厂时要求订购新型德国机械，就可以节省很多成本，也能解决不少技术问题。”埃文斯最后不得不承认，自己没有听取最了解机械、新的扩建计划、轮班表或施工时间的那些人的意见，导致公司损失了将近200万英镑。他已经离开公司了，说不定正在为你工作。

请记住，你在沟通中要争取获得反馈，它有助于你判断沟通的效率。初期反馈要与总体信息内容区分开来（详见第一章）。一位高管曾对我说：“在商务往来中，我们每次沟通都期待有所回应并能够得到回应，哪怕只是确认支票。但是在公司内部事务上，我们仅仅将通知贴在告示板上，便不会再有下文了。”

走出办公室，与员工聊聊天，有助于你了解整个组织网络中的沟通情况：

◎ 国外的某支团队是否收到了你让各运营部门领导给各团队负责人传达的信息？

◎ 为什么针对现有大客户提供新服务这种重要建议没有传递到高层领导团队那里？

◎ 荷兰分公司半年前就攻克了这个生产问题，但是我上星期访问西班牙分公司时，为什么他们还在为此困扰？

◎ 苏格兰公司这位年轻的管理者为什么没听说过公司新的领导力发展计划？

◎ 这些谣言和虚假报告是否表明沟通水平在下降？这是机制的问题还是人的问题？

与上面提到的机制一样，技术手段（包括计算机、电子邮件、电视网络、移动广播和视频等）不能解决沟通问题，它们只是辅助工具。组织要培养各层级负责人，说服他们开展合作，这样才可以充满信心地应对变革和增加挑战。

本章要点：组织中的沟通

◉ 组织是一个整体，其中每个部门都有自己的职能。在社会团体中，等级制度和正式沟通起到了关键作用。组织是具有开放环境和明确目标的正式的沟通系统。

◉ 组织内必要的沟通内容离不开三环模型：

任务：共同的长期或短期目标，战略和规划，以及未来前景。

团队：与组织变革或团队合作有关的问题，以及如何提高合作效率。

个人：任何对个人产生有利或不利影响的内容。

◉ 沟通包含三个方向：上行、下行和平行。过去以自上而下的沟通为主。现在由于各种原因，正式的沟通体系（以非正式的沟通体系为补充）必须包含信息和观点在三个方向上的流动。未来它一定会更加灵活。

◉ 一般来说，最重要的信息应采用最优渠道进行沟通，即当面传达，以书面材料为辅助。

◉ 作为领导者，你不仅要重视有效沟通，还应掌握正确的沟通方法。你的工作必然需要三个方向的沟通。在各个方向上，你可能需要表达自己的观点，或传达别人的想法——两者同样重要。

◉ 情况介绍会或工作委员会等机制都会有效，但是请记住，维持高效比建立这些机制难得多。信息技术也无法解决所有沟通问题。有效沟通需要善于沟通的人，也就是你自己！

沟通的最大问题在于，人们想当然地认为已经沟通过了。

——爱尔兰剧作家萧伯纳（George Bernard Shaw）

结　论

本书的主要目的是介绍沟通的艺术，并对此进行进一步的探索，启发读者采取实际行动，提升沟通能力。其中大部分篇幅探讨了沟通的六个基本要素(如“沟通星形图”所示)：目的、主动沟通方、被动沟通方、内容、方法和情境。认识和理解这些要素是提高沟通能力的第一步。

沟通的艺术本质上是一种实践，包含说、听、写、读等技能；这些我们都会做，但很少有人能做好。我们在日常实践中要有意识地运用有效沟通的五项原则——内容简洁、准备充分、思维清晰、语言生动和表达自然，努力提高这些基本技能。

这个过程就像学习一种新的语言，最初可能很难，而且容易犯错；但它并不违背本性，因为艺术的本质就是让原有的天赋更加精进。所有的努力都将渗透到潜意识层面，不知不觉地对我们的态度和行为产生持续影响。

我在撰写本书的过程中发现，艺术和技巧固然重要，但这些并非全部内容。与领导力和有效思考一样，沟通领域也不乏经验和成就极为突出的人。我们不能对他们轻巧自然的表达心生嫉妒，而应该以此为标杆和动力。在这些人身上，我们可以看到技能娴熟和为人诚信这种珍贵的组合。

第一章开头引用了英国作家乔治·艾略特的一句话：“全世界的人

各自站在一座孤岛上，隔着误解的海洋朝着对方大声喊叫。”这种“误解的海洋”将我们分隔成一个个“孤岛”，即不同的国家、组织、团体和个人，因此产生了沟通的难题。

但是，通过优秀的领导力、出色的才智和独特的沟通能力，我们终将跨越混乱和误解的海洋，建立新的秩序，实现英国诗人约翰·多恩笔下的理想状态：“没有人是独立的孤岛，所有人都处在同一片大陆上，属于一个整体。”

图书在版编目（CIP）数据

高效沟通：不可或缺的管理技能 /（英）约翰·阿代尔著；谢天译．—杭州：浙江人民出版社，2022.11

ISBN 978-7-213-10691-0

Ⅰ．①高… Ⅱ．①约… ②谢… Ⅲ．①企业管理-人际关系学 Ⅳ．①F272.92

中国版本图书馆CIP数据核字(2022)第131997号

高效沟通 不可或缺的管理技能

Gaoxiao Goutong: Bukehuoque de Guanli Jineng

[英]约翰·阿代尔 著 谢 天 译

出版发行：浙江人民出版社（杭州市体育场路347号 邮编 310006）

市场部电话：(0571)85061682 85176516

责任编辑：陈 源

营销编辑：陈雯怡 陈芊如

责任校对：戴文英

责任印务：刘彭年

封面设计：济南新艺书文化

电脑制版：杭州兴邦电子印务有限公司

印 刷：杭州钱江彩色印务有限公司

开 本：710毫米×1000毫米 1/16 印 张：11.5

字 数：142千字 插 页：2

版 次：2022年11月第1版 印 次：2022年11月第1次印刷

书 号：ISBN 978-7-213-10691-0

定 价：58.00元

如发现印装质量问题，影响阅读，请与市场部联系调换。